# 足球战术训练设计及实证

王洪飞　著

**图书在版编目（CIP）数据**

足球战术训练设计及实证 / 王洪飞著. -- 天津：天津大学出版社, 2024.3

ISBN 978-7-5618-7698-5

Ⅰ. ①足… Ⅱ. ①王… Ⅲ. ①足球运动—竞赛战术 Ⅳ. ①G843.19

中国国家版本馆CIP数据核字(2024)第061223号

出版发行　天津大学出版社
地　　址　天津市卫津路92号天津大学内（邮编：300072）
电　　话　发行部：022-27403647
网　　址　www.tjupress.com.cn
印　　刷　北京虎彩文化传播有限公司
经　　销　全国各地新华书店
开　　本　787 mm×1092 mm　1/16
印　　张　9.25
字　　数　205千
版　　次　2024年3月第1版
印　　次　2024年3月第1次
定　　价　45.00元

# 前　言
# PREFACE

当前，我国对先进的足球理论和经验的深入研究还有所欠缺，对足球改革过程中出现的诸多问题的解决方式往往是“头疼医头、脚疼医脚”，不重视对规律的掌握，不重视在引进、消化的基础上进行自主创新，这使我国的足球改革走了不少弯路。在足球训练方面只重视训练理念和训练方法的引进，“拿来主义”问题突出，训练创新的内容较少、质量较低。我国的足球从业人员在掌握现代足球理论、现代足球规律、先进的训练方法等方面与足球发达国家依然存在较大的差距，尤其是训练实战问题一直停留在一般的语言提醒和理论要求上。虽然经过多年国外先进足球训练理念的引进和借鉴，我国的足球教练员的训练理念得到了一定程度的更新，但是在如何把这些理念转化为实际成果方面，才刚刚起步。基于此，一些研究者开始关注训练理念的实操层面，对训练实践中出现的问题进行了研究，但在介绍此类成果涉及的国外训练理念和训练手段及方法时，并没有对这些理念进行原理上的说明。对于为什么选择这样的内容、方法和手段，如何提升训练的质量和如何评价等关键问题的分析还停留在表面。对于青少年，如何让他们在青少年阶段进行技术、身体、战术和心智能一体化训练等问题方面还需要进行深入研究。另外，在通过小比赛提升青少年整体竞技能力方面也需要注意系统研究负荷安排与训练质量控制的问题。有关足球竞技能力的研究表明，战术能力是足球竞技能力的核心。因此，本书选择战术训练问题进行研究，旨在通过在对足球战术训练进行系统分析的基础上，探讨足球战术训练的工作原理，总结当前战术训练的设计技术，并结合训练案例对这些设计技术进行分析，进一步揭示足球战术训练设计的基本规律，使教练员对足球战术训练的设计更具有系统性和理性，为其在科学的基础上设计足球战术训练并实现自主创新和发展打下坚实的基础。

编　者

2023 年 12 月 10 日

# 目　　录
# CONTENTS

# 第一章
# 足球战术训练的界定及模式

## 一、足球战术训练的界定

在现代足球运动的科学化发展进程中，我国足球教练员对提高球员身体能力、技术和技巧的原则已经有了深入了解，但对运动员的最佳战术训练方法，以及如何排布一个具有强大竞争优势的阵容还不明确。足球战术训练是青少年足球训练内容体系之一，为了更好地把握青少年足球战术训练方式及其发展，需要对青少年战术训练的特征、功能及创新等基本问题进行探讨。

### （一）对足球战术概念的解读

足球战术主要包括阵型、队形、不同阵型和队形的打法、不同时空条件下的打法等。学者麻雪田、王崇喜把足球战术称为“足球比赛中战胜对手的方法和手段”。在国内外众多论著中对足球战术的定义各有描述，但实质相似。例如，有的学者把足球战术称为“在足球竞赛规则的制约下，一方为取胜另一方而采用的手段和方法”。有的学者把其中的阵型等内容抽取出来，称为足球战略，即足球战略是比赛前为足球比赛所做的有指导意义的战术思想准备，它的侧重点包括战略布阵、战术方案制定等。而足球战术则是足球比赛时有预谋地策划比赛所涉及的技术性进攻方式和防御手段。国外学者很少对足球战术定义进行专门解释，而是直接分析其主要内容，即把场上阵型和打法作为足球战术发展的主要内容。综合以上对战术概念的论述，笔者认为足球战术是以打法、阵型、队形等为核心，以基本攻防关系、人数参与规模和时空特点来构建的攻守体系。足球战术的内容包括阵型打法部署，队员个人、小组以及整体的协同、行动指挥、行动实施、技能保障等方面。

### （二）足球战术的分类

战术的类型有很多，按照比赛阵型，足球战术可以分为进攻战术与防守战术，又可分为个人、局部、全队战术，以及守门员战术和定位球战术等特殊战术等。近年来，随着人们对攻守转换的重视，有学者提出了攻守转换的战术，包括由攻转守和由守转攻两种类型。此外，足球战术还有其他分类，如按照场区的不同可分为边路进攻战术、中路进攻战术、前场战术、中场战术和后场战术以及越位与反越位战术等特殊战术。足球战术分类体系如图 1-1 所示，图中的足球战术分类是在借鉴一些战术分类的技术上综合而成的，只是一种初步分类，如果落实到训练，还需要更为系统、详细的分析。但是，在面向具体的战术行动进行分类时，可能会影响分类的严谨性。例如，对于个人战术而言，德国足球协会的培训教程中就对“1 对 1 战术”进行了更为详细、操作性更强的分类。

### （三）足球战术的基本特征与发展趋势

足球战术训练的目的是让球员掌握足球战术知识和提高球员的战术能力。战术训练的设计离不开球员对足球战术特征和内涵的认识和把握。一是球员要把握足球战术相对稳定的基本特征，二是球员要把握现代足球战术发展的最新趋势和特征。

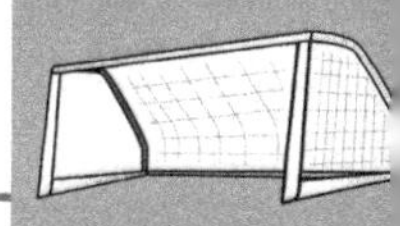



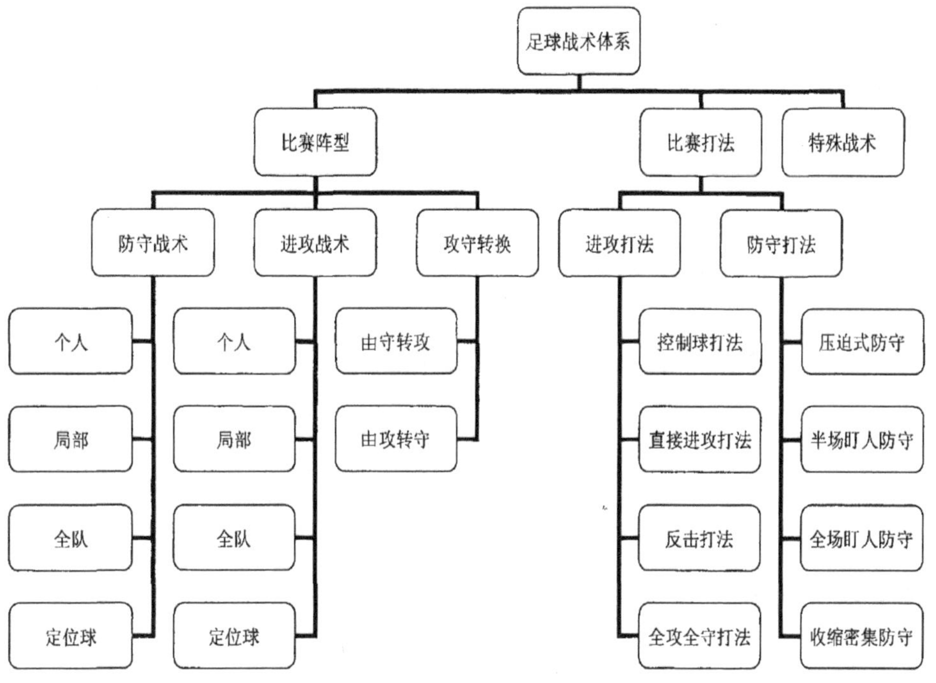


**图 1-1 足球战术体系构成**

### 1. 足球战术的基本特征

（1）足球战术具有对象性。足球比赛有攻有防，足球战术针对的是对手，因此要根据对手的特点来设计和运用战术。

（2）足球战术具有抽象性。足球战术是人们在足球比赛实践中总结、抽象出来的具有代表性的攻防手段和配合方法，这种抽象性具有理性化、规律化和模式化的特点。

（3）足球战术具有科学性。足球战术作为科学战术，它以足球比赛实践经验为基础，是人们对足球比赛攻守行动的基本规律的提炼和归纳。足球战术的科学性体现在不同情况和不同条件中，足球战术是在比赛和训练中都要遵循和应用的基本法则。战术在这里表现为相对严谨的体系，根据不同的分类标准，战术可以有很多类型。

（4）足球战术具有艺术性。足球战术是教练员的指挥艺术与球员的创造性相结合的统一体。创造性是艺术的灵魂，也是战术的灵魂。教练员和球员都要根据比赛的具体情况，在进攻与防守、个人与整体、保守与激进等方面合理平衡，迅速灵活地进行战术决策，坚定地部署战术，沟通、协调各方力量，创造性地完成战术。

### 2. 足球战术的发展趋势与训练创新

足球比赛的特征和规律在不同的历史时期具有不同的内涵和表现形式，其中主导性的内在规律也在发展变化，必须不断研究新的攻守现象，发现新的攻守规律和指导规律，战术训练才有生命力。足球战术的训练与发展是一个不断创新和超越的过程，是科学和艺术的统一。正是由于战术既有理论上的科学性，又有实践中的艺术性，才使足球比赛战术和训练既有理论严谨的规律可循，又能充分发挥人的主观能动性和创造性。

足球的发展性特征主要体现在基本攻防对抗、时空争夺、技战术运用等方面在新时期、新阶段的发展和变化。对变化趋势的判断和分析的主要材料来源是世界足球的顶级赛事，如 FIFA（国际足球联合会）世界杯、欧洲杯和欧洲冠军联赛等。

优秀的球队不仅具有良好的战术体系，还具备明确的执行体系，有利于球员的自由发挥，在赛场上还可以充分发挥球员自己的个人优势。目前，大部分的球队倾向采用连接紧密的 4231 阵型，即使在面临实力强大的对手时，也具备给予对手压力的能力。4231 阵型是足球比赛中一种比较流行的攻守兼备阵型，其基本配置是四后卫、双后腰，三个攻击型中场外加单前锋。2010 年世界杯上成绩较好的球队（如荷兰队、德国队、西班牙队）普遍采用 4231 阵型使球队保持紧凑的队形，以两名防守型中前卫为基石。这两名球员不仅能为整个球队提供稳固的防守，同时还为本队的进攻给予支持。欧洲冠军联赛 2008—2009 赛季中前 16 强球队有 6 支球队经常采用 4231 阵型。要想击败这种体系，球队必须拥有

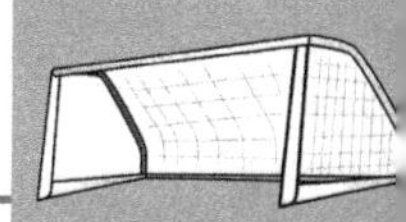

技术全面的前锋球员，其不仅要拥有出色的 1 对 1 能力，具备在中路区域突破的能力，且在边路也能得心应手。他们可以在边路和底线利用纵深进行摆脱，并以地面球的形式回传给后排插上的队友来创造进攻机会。

成功的球队都有自己的基本战术阵型，需要时会采取一些细微的调整。这些球队不仅能够在赛前部署一系列的策略，而且还能在比赛中及时调整策略。成功的球队其战术具有灵活性，打法可以适应不同的比赛。球队灵活的战术和球员的个人能力为球队的成功铺平了道路。例如，西班牙、荷兰、德国足球队都是使用战术的典范。

世界杯和欧洲杯被认为是足球发展的风向标和战术的试验田，是足球技术创新的展示舞台，展现了世界足球的发展趋势。这种发展趋势主要表现在以下几个方面。

（1）年轻球员在世界大赛上取得了突破性进展和成功。2022 年世界杯参赛球员共有 123 名球员的年龄在 23 岁以下（出生于 1999 年 1 月 1 日之后），其中 99 名球员获得了上场比赛的机会。这些新生代球员不仅技术出众，而且具备优秀的战术理解能力和良好的心理素质。这为世界青少年足球的发展提供了新的方向。

（2）在现代足球中，为了破解密集防守，球队需要球员具备良好的思考能力和快速看懂比赛的能力，可以利用出色的个人技术和配合攻破对方的防线。这给青少年足球运动员的培养提供了方向，不但要增强 1 对 1 技能和运控球技能的训练，而且在青少年阶段就要重点发展球员的战术意识，尤其是快速阅读比赛的能力和战术的执行力。

（3）成熟的球队一定会在本方罚球区附近避免“愚蠢”或“不必要”的犯规。因为各个球队都很重视任意球战术，往往有 1~2 名任意球专家，在比赛的关键时刻能够起到关键性作用。例如，在2010年南非世界杯上，日本队的远藤保仁和本田圭佑在小组赛对阵丹麦队时打入了精彩的任意球；韩国队对阵尼日利亚队，通过任意球打进了至关重要的进球；德国队对阵阿根廷队，托马斯·穆勒在开场仅3分钟时就接施魏因斯泰格发出的任意球头球得分，帮助球队掌握了比赛的主动权。德国队主教练乔西姆·勒夫在世界杯前把"聪明的抢断"作为世界杯备战训练的重要组成部分，并用数周的时间努力训练以确保球员不在自己的罚球区附近出现任何不必要的犯规。德国队提出的训练目标是"干净、清楚、不犯规的防守"，尽量不要铲球，因为铲球只会使自己的球队陷入风险之中。防守球员只要站住位置，同时通过合理的动作来赢得控球权。这种理念需要在青少年阶段足球战术训练中进行推广和贯彻，对青少年足球技能和战术意识的发展都具有重要的导向性作用。

（4）尽早的压迫和快速的攻防转换是现代足球战术训练的关键要素。一旦抢断后再次获得控球权，球队就要试图以最快的速度将球向前推进，因为对手仍站位靠前，后防线可能还处于未组织好的状态。因此，精准、适时的传球会令对手措手不及。同时，一旦失去控球权，球队则需要尽早地压迫并迅速地由攻转守，阻止对方反击。攻守转换能力的重要性使其成为青少年足球战术训练的重点内容。

（5）积极的控制打法正在成为人们关注的焦点。成功的球队无论何时只要有机会都应试图将球向前推进，而非向边路或向后传递。曼联队的功勋主教练弗格森爵士对球队的要求是4至5脚的回传和横传后必须向前。采用这种战术打法的球队包括西班牙、德国、荷兰和巴西等世界强队。这种打法要求具备卓越的传接球能力，以保证运球的流畅性，同时要求运用合理的身体接触以保证球队的攻击性。当失去控球权时，球员应努力拼抢以再次获得控球权，并立即向前，争取得分。

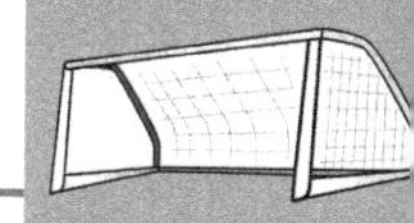

（6）积极的控制性打法，更要求有能传出致命一传的球员。这样的球员能在最佳时机为队友创造得分机会，如荷兰的球员斯内德、西班牙的哈维和伊涅斯塔等。如果球队采取积极的控制性打法，同时能够变化进攻节奏，经过发动快速、高效和具有穿透性的进攻，则更容易获得进球。因此，青少年球员必须进行积极的控制打法训练，以提高传接球的能力，同时，也要重点提高控制节奏的能力。这种打法也是青少年足球训练的重要内容。国际足球联合会（FIFA）举办的世界青少年锦标赛上的球员表现就体现了这种特征。

（7）利用球场亮度与广度的能力至关重要。现代足球旨在寻找时间和空间，将球成功地传至危险区域，如西班牙的比利亚。这种能力的培养应该成为青少年足球训练的主要科目。当世界足球的竞争态势和比赛环境发生改变时，足球战术就不能僵化地守着原有思想和打法，而是需要与时俱进。

### （四）足球战术研究的任务与对象

足球战术研究的任务是寻找足球比赛的攻守规律和足球战术训练规律，用以指导足球比赛和训练实践，形成在不同情况和条件下正确进行比赛和训练活动的系统理论，提高教练员和球员的业务素质，从而达到有效地提高训练效能、提高竞技能力的目的，以获取最佳的竞技目标。足球战术研究的对象包括以下几方面。

（1）研究足球比赛的特点、方法与规律，主要包括攻守行动的性质、类型和样式，组织指挥与实施，行动保障和行动原则等有关指导足球战术的理论和技术。

（2）研究比赛中具体攻守中的实用战术，主要包括个人与小组的基础战术、整体战术、反击战术、定位球战术、换人战术、边路传中战术等，以及按照攻防位置和比赛场区的使用特征等有关战术设计和战术应用问题。

（3）研究提高战术效能的技术、方法和途径。包括提高战术素养、实战技能、战术意识、训练计划制定、训练课组织、训练保障、训练控制协同等训练方法、途径和技术。

### （五）足球战术训练的任务

足球战术是实战经验的总结，是智慧和力量的结晶，也是足球比赛中克敌制胜的法宝。足球战术训练的主要任务就是教练员根据比赛规律，采取最恰当、最有效的方法组织和实施攻防训练，使球员个人和球队掌握多种正确的配合和打法，实现个人竞技能力与整体竞技能力最优化的协同，获取最大的竞技效益，从而达到比赛目标。战术训练任务的完成主要建立在战术知识、战术技巧和战术能力上。战术知识通常包括比赛的战术体系、战术打法的基本原则和要点以及比赛规则。战术能力的发展主要通过训练使战术技巧来不断完善。

### （六）青少年足球战术训练概念与功能

#### 1. 青少年足球战术训练的概念

《中华人民共和国未成年人保护法》中对未成年人的年龄界定为未满 18 周岁。但目前社会学界认为应将青少年视为入社会化的一个必经阶段，人生与青少年期告别是以“获得职业、经济自立、建立家庭”为标志，“青年是从依赖成人的童年到能进行独立的、负责的成人活动的过渡”。由于现代青年的结婚和就业年龄逐渐后移，这就使社会学中的青少年概念在年龄范围上有很大的伸缩性，甚至把 35 岁或者 40 岁以内的人群都归为青年人。中国青少年网络协会发布的《中国青少年网瘾报告》中将青少年的年龄范围规定为 6~29 岁。青少年奥林匹克运动会对参赛选手年龄的

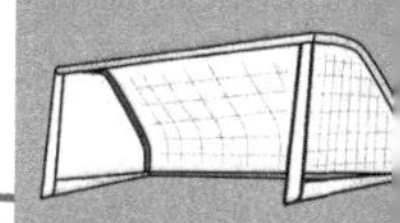



规定界限为 14~18 岁之间。

目前，尚没有专门对于青少年足球战术训练的年龄界定。但根据对国外实施启蒙训练的最低年龄阶段和国际上通行的进入职业化球队的年龄限制，参考其对青少年足球训练的基本年龄阶段划分，本书把青少年足球训练界定为：对 6~18 岁年龄段的球员实施的足球训练统称为青少年足球训练；与青少年的足球战术知识学习、战术技巧习得和战术能力发展相关的训练活动称为青少年足球战术训练。

### 2. 青少年足球战术训练的功能

功能一般指功效或效能，强调事物或方法的有利作用。青少年足球战术训练的功能即青少年足球战术训练所存在的价值及发挥的积极作用。对青少年足球战术训练的功能认识，需要深刻认识足球竞技能力整体性特征。足球竞技能力是一个多因素构成的复杂系统，战术意识是足球运动员的主导性核心竞技能力。因此，足球训练需要确立以足球战术意识发展为核心目标的训练理念，进而整合足球竞技能力结构的协同要素和支持体系，实现竞技能力整体性发展。实践证明，战术意识提升的主要途径和载体是战术训练，足球战术训练是足球训练中的核心内容。对于青少年而言，足球战术训练的重要作用更加突出。一些足球强国在青少年足球运动员 12 岁时就普遍开始进行对抗性的技战术训练，以荷兰为代表的一些国家更是从启蒙阶段就始终贯穿各种形式的小比赛，使球员理解基本的攻防原则，并在对抗、实战和比赛中全面提高竞技能力。王红在《足球体能训练与技战术的关系探讨》一文中指出，球队成功的决定性因素主要是技术质量和战术成熟度的优势。因此，青少年足球战术训练在青少年竞技能力提升过程中起到至关重要的作用，教练员需要高度重视并投入更多的精力。

## 二、足球战术训练决策与训练模式

### （一）青少年战术训练的决策

“决策”的定义是为了达到一定的目标，采用一定的科学方法和手段，从两个及以上的方案中选择一个较满意方案的分析判断过程。决策是任何有目标的活动发生之前必不可少的一步。训练决策是训练管理的核心内容，是指通过分析、比较，在若干种可供选择的训练方案中选定最优方案的过程。训练决策贯穿整个训练过程。教练员在现代足球比赛中面临更为复杂和不确定的决策环境。教练员对战术训练和比赛安排的时效性和执行结果等都可能左右决策结果的成败，然而在足球训练学术领域中很少引起关注。

教练员的战术训练工作既有球队整体打法和风格等战略性的决策，也有具体的战术性决策，还包括训练实施过程中的决策。教练员的战术决策不仅是教练员战术训练工作流程的基础和前提，同时还贯穿整个训练工作流程（图 1–2）。

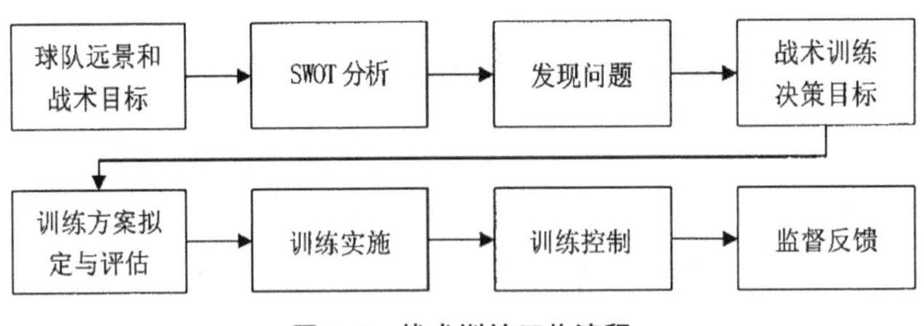


图 1–2 战术训练工作流程

教练员制定战术训练的整体方案和实施计划实际上是一个动态的研究和决策过程。教练员在训练过程中还要面对动态、即时的决策要求，这就需要在设计阶段对战术训练的运行制定相应的

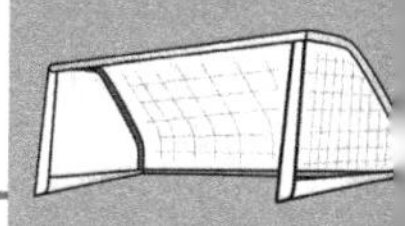



调控方案，其技术路线是从训练系统运行的信息控制方面来规定球队在计划期内战术训练的种类、负荷、质量和进度等指标，并为这些指标进行能力、资源方面的协调与平衡。

### （二）战术训练的模式分析

按照战术学习的不同阶段、不同的战术内容以及不同的战术能力训练目标等分类标准，战术训练可分为多种训练模式。本书重点关注训练的操作层面，笔者通过比较分析收集的540个训练案例，将战术训练总结为以下6种常见的训练模式。

#### 1. 控制性训练模式

控制性训练模式，即教练员使用信号来叫停比赛，及时指出训练中出现的错误。教练员在使用这种模式时通常会通过提问的方式来启发运动员思考并回答问题，使运动员加深对问题的理解能力。但是该方法在使用中要避免频繁地打断练习，特别是要避免运动员和教练员在训练场上长时间地讨论，否则容易激发球员的烦躁情绪，并直接影响运动员训练的积极性。控制性训练模式需要教练员具有敏锐的观察能力，能在恰当的时机及时暂停比赛，同时重新演示并反复练习，否则很难达到训练的目的。此模式是足球战术训练最常见的模式，也是教练员的必备技能。如果教练员不能准确把控局面，正确地指出运动员的错误，他的权威性就会受到队员的质疑。总体来说，此种模式的突出特征是及时纠正错误，使球员的注意力和训练重点指向一个方面。使用此模式的基本要求是：不能频繁喊停但间隔时间也不宜过长、及时准确、重新演示和反复练习。

#### 2. 条件性训练模式

教练员多会采用条件性训练模式来教授战术，其主要功能是让运动员有足够的、不间断的重复练习时间，能够使全体队员侧重练习某个特殊方面。条件的设置将限制运动员的选择并最终完成练习的特定要求，从而实现针对性的训练目标。练习条件的改变可通过训练要素的调控来实现。此类练习往往有一个标志性的调控要素，不同的训练场地具有其自身的时间特点、空间特点和练习的空间效力。练习的空间大小、形状、特定场区等因素对训练目标的有效实现具有十分重要的影响。另外，触球次数、场地的宽窄、多球门设置、得分方式以及采用奖励惩罚的措施等都是常用的控制条件。条件性训练主要提供一个基本的练习框架，是发展全体队员配合和局部配合的重要手段。

条件性训练模式也有弊端，主要是练习的条件太多可能会限制运动员的思维并养成不良习惯。另外，过分强调练习的某个方面，会阻碍运动员的全面发展。笔者调研发现，青少年教练员在应用此种练习模式上存在较多问题，很多青少年教练员不能清晰地表达不同条件的应用特点。使用条件性训练模式的基本要求是：要有重复出现技术技巧和特定配合打法的机会；松而不散，可以适当放松训练课的监管，但要保证球员从练习中学到更多知识。

### 3. 压力性训练模式

现代足球比赛给教练员和球员带来了巨大的压力。比赛中经常面对对方反复的逼迫和连续的进攻，尤其是在比赛末期体能消耗严重的阶段，或者在需要获胜才能出线，以及比赛时间所剩不多的情况下更是如此。成熟的球队往往能在有效的管理和训练下拥有良好的心理素质，并在高强度压力下和关键时刻挽救比赛的能力。这就需要教练员在训练中进行针对性的训练。这种训练模式正在成为众多教练员的选择，效果也比较突出。在战术训练的安排中，通过练习的分组和多球等设计可以

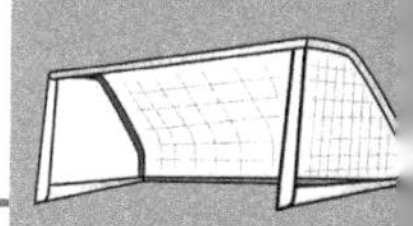

使目标队员或小组反复处于跑动状态，连续进行多轮的进攻和防守，迫使球员没有调整的时间。因此，此类练习的时间设计十分关键。一般而言，运动员全力进行技术练习的时间不超过 1 分钟，但是对于战术性的压力训练而言，由于球员在练习中不可能真正竭尽全力，所以需要调整好练习节奏、休息时间和传接球速度，重复施压的训练可以达到 3 分钟。此种训练模式有助于球员在完成快速反应的技战术行动时有效控制心理状态。当球员体能消耗很大时，也可以更好地保持技战术行动的有效性。同时，此种模式较适合分组练习，而且通过对比练习结果，也可以提升运动员的积极性。

这种训练模式也有不利因素，如果调整不好训练的时间，不但不能挖掘出运动员的潜力，反而可能因长时间持续练习带来的疲劳导致动作变形，有时甚至会带来伤病。

### 4. 无对抗的假想对手训练模式

无对抗的假想对手训练模式现今也被很多教练员采用，尤其是对发展全队整体战术水平很有帮助。这种训练的主要特征是教练员设计出一个假想的阵型，球员按照预定跑动路线进行练习。假想的对手在实践中可以用标志盘或标杆代替。此种训练在我国俗称为无对抗的“固定套路练习”，而且使用十分频繁。而在国外，这种模式基本上是作为大运动量训练后偶尔进行的调节练习，以及作为准备活动或当部分运动员重新开始练习时应用。

这种方法的弊端主要是练习的内容很难运用到实际比赛中。以往，我国的足球理论界和实务界对此都不够重视，在训练中过多倚重这种训练模式，使球员的战术能力很难在训练中真正得到提高，只能依靠正式比赛。但是，由于比赛缺乏多次重复解决问题的情境，运动员很难依靠有限的比赛来提高技战术能力。如果教练员确信自己的运动员可以在没有对抗的情况下理解技战术，也可以使用这种训练模式，尤其是新战术和新打法的初学阶段。不过，长期使用这种方法训练，当真正同实际对手对抗时，运动员很难做出正确的抉择。此种训练之所以具有传统性，被证明也有一定的效果，主要是需要教练员的合理安排，及其自身所拥有的训练技巧、热情和经验来保证，所以也要客观地认识固定套路练习的优势和劣势。

### 5. 功能性训练模式

功能性训练模式往往是在场地特定的区域进行，可以从边路到中路，也可以从中路到边路。此训练模式旨在训练特定位置队员在各自的位置上完成其职责。一些教练员通常会针对比赛中特定区域和参与队员出现的问题而设计此类功能性训练。功能性训练模式调控的要素一般是逐步增加进攻或防守人数。训练的关键是让球员明白自己在球队中所处位置的战术职责和同周围其他队员的关系。这种训练方法的好处是容易让教练员与运动员建立亲密关系，因为运动员认为自己受到了教练员的重视，特别有利于针对性克服运动员在进步中存在的不足之处，对提升他们的自信心也很有帮助。青少年训练中应该重视此类训练的安排。此外，这种功能性练习容易使球员清楚自己在球队中的战术职责，是战术训练中十分重要的训练模式。当然，这种模式也有不利因素，因为其依赖于全体队员的通力合作，尤其需要辅助队员与目标队员的配合。教练员不管重点训练攻守的哪个方面，在对抗中都需要另一方面队员的配合来完成。因此，这种功能性训练模式操作难度较大，也更能体现教练员的训练能力，教练员必须倾注更多的精力和时间来进行设计和实施。

研究发现，由于在足球战术的区域应用特征上存在理解上的差异，教练员在这种功能性练习模式的使用上差异也较大，在使

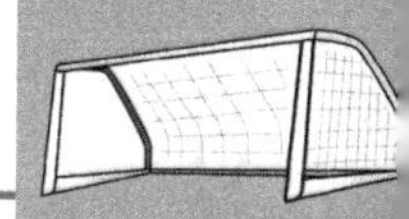

用的年龄阶段上也存在分歧，有人认为这种训练模式对应着运动员不同的位置职责和任务，应该在运动员 15 岁以后进行训练，而国外的训练案例中运动员在 10~12 岁年龄段就有很多这样的训练。

### 6. 实战比赛模式

实践比赛模式分为两个阶段。第一阶段是部分球员的攻守对抗，第二阶段是全体队员的攻守对抗。具体实践中，球队可以自主选择比赛模式，也可以不经过第一阶段直接进入第二阶段。

调研发现，很多教练员在第一阶段设计球队人数为 14~18 人的攻防对抗，这是功能性训练模式的自然延伸。练习的重点是全体队员在半场范围内的进攻和防守，或者在中场的进攻和防守。队员年龄在 13 岁以下的训练案例中主要是 4~8 人的攻守对抗。这种方法有利于提升不同位置上的运动员的配合水平，理解自己的场上作用和职责。这种练习需要贴近实际比赛，并多次重复，训练中运动员的兴奋度也较高。教练员容易抓住进攻或防守上的重点，而不必把注意力同时集中在进攻和防守两个方面。此模式不利的一面是，不直接参与指导练习的防守队员对毫无目的地击退进攻会产生厌倦感，或者可能使不直接参与进攻的球员的情绪不佳并影响到他们的发挥。

实际上，这种训练模式需要从设计上来弥补可能出现的不利因素。常见的策略是适当关注防守球员，并为他们安排瓦解对方进攻后的任务，如果获得控球权则可以安排一次简单的进攻。例如，得球后直接快速传球给目标球员，或者快速推进到某区域。可以通过调整攻守双方的得分方式和奖励惩罚来实现。另外，限定练习时间，分组轮换、位置轮换以及教育激励也可以起到一定的作用。

第二个阶段就是全队球员人数为 10 对 10 或者 11 对 11 的比

赛。当然球员年龄在 13 岁以下，主要是 5 对 5 或 7 对 7。在这种模式中，教练员可以集中运用控制性模式的策略来强调场上的位置，也可以用条件训练模式的策略来鼓励球员采取特定的打法，或者采用限制攻防人数的假想对手训练模式的策略。这种训练模式是综合性的训练模式，需要教练员的组合与创新。如果运动员具备一定的水平，教练员具有足够的能力和经验，这种方法也许最有效。这也是成功的教练员最擅长的训练模式，因为其对磨合全队配合度、理解战术组织和全面准备比赛都非常有用。青少年球员的真正成长也需要在这种模式中得到最好的训练。此方法也有一定的缺陷，如果比赛过于激烈，有可能会破坏训练的主题，进而影响到全队的训练效果。

另外，此模式对那些还需要别人帮助的球员，以及需要克服自身某些弱点或需要其他练习作为辅助的运动员而言相对较为复杂或困难。因此，需要教练员有足够的经验并能够协调好不同球员的指导和训练。对于青少年球员来讲，如果基础的技战术还没有掌握完全，而过早、过多地安排全队的比赛，则会因为球员能力较低而使队员的训练效果大打折扣。

实际上，在训练实践中，教练员可能会组合设计上述 6 种模式，避免固定使用一种模式产生的不利因素。通过组合设计可以较好地实现全面、均衡发展，同时通过不同模式时间的分配突出重点，从而实现训练系统的效益最优化。

# 第二章
# 足球战术训练的研究

## 一、足球训练与实践的融合

足球训练是科学与艺术的混合体，其最高境界就是科学与艺术的均衡。回顾足球运动训练理论及其相关学科研究的历史，可以看出，多年来学者们对足球专项体能和比赛分析的研究成果不断丰富，推进了足球运动员竞技潜力的挖掘，现代足球运动员的竞技水平也在不断提高。而为足球队服务的科研团队逐渐得到重视，科研规模也日益庞大，如德国国家队就是其中的典范。

从整体足球训练的理论与实践发展来看，足球专项的战术和心智能的训练研究一直相对薄弱。其原因既有足球比赛自身的特性带来的研究复杂性和难度大的问题，也有研究人员与教练员之间的“鸿沟”问题。

国外对于足球教练员的调研表明，教练员基本对那些复杂的、技术性很强的研究报告和论文敬而远之。他们更愿意接受节省时间、富有成效和易于理解的研究成果。一些教练员认为，研究者们在把研究成果转化为应用实践方面不令人满意，大部分的体育研究太技术化且难以阅读，对球队没有使用价值。这也说明，教练们并没有充分利用体育科学家和各种研究机构的资源和信息。实际上，大多数教练员获得新的训练信息的途径主要来自教练员之间的交流、研讨会和教学视频，不太热衷于阅读书籍、期刊或通过互联网寻找资料，也很少利用潜在的研究资源，如大学、研究机构和科学读物去获取更多的信息。另外，教练员也没有足够的时间阅读和消化这些基础体育研究的文章和技术性文献，因为教练员认为，用于教育球员关注理论的时间会挤占技术和战术的训练时间。

总体来说，在足球领域，体育科学家还没有真正架起与教练员沟通的桥梁。大部分的前沿研究是无法被教练员运用的，这大体基于两个原因：一是研究者没有在研究转化方面做好工作。研究者应该寻找网络、会议、通信和论坛等各种途径来推广他们的研究成果；二是很多教练员对高质量研究的新信息缺乏接受的思想。不过，得益于世界科学界与运动委员会的不断努力，通过将足球与科学牵线搭桥，促进了科研人员与足球实践之间的沟通与合作。

## 二、国内外足球战术训练研究的现状

足球战术训练是足球专项训练体系中不可或缺的重要内容，也是足球训练研究的主要内容。在职业级和高水平的成年足球队训练中，战术训练的作用更加突出，不仅贯穿整个训练过程，还呈现逐步整合体能和心理训练的趋势。在足球运动理论和实践发展过程中，科研人员和处于一线的教练员都起到了重要的推动作用，其中最具创造力的是那些专家型教练，他们将科研与实践结合，使足球战术训练的基本内容、训练指导思想和训练方法不断提升和广泛传播。

国外关于战术训练理论方面的期刊研究文献较少。以国际足球与体育科学大会的论文为例，这类论文以基础理论研究居多，

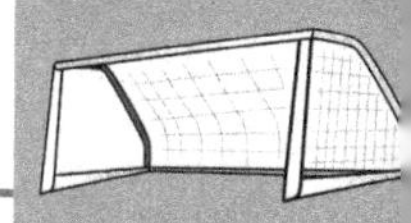

而足球战术训练方面的研究比较缺乏。目前，战术训练研究的主要趋势是战术训练针对性的评价，主要研究思路是从量化的角度对比分析构成战术训练的各个要素和实际比赛的对比情况，例如，训练负荷与比赛负荷的比较，训练和比赛中技术动作、跑动方式的比较等，在大规模调研的基础上为国家队和高水平的球队训练提供理论支持，是对职业联赛和国家队的一个或者几个完整的比赛周期进行的研究。

## （一）战术训练基础理论方面的研究

我国学者从 20 世纪 90 年代中期足球职业化开始后在不断努力提高足球训练研究的科学化水平，把生理、生化指标引入足球训练的监控和评价。近年来，足球体能训练和心理训练方面的研究成果日益增多，研究水平也不断提高，在战术训练基础理论研究方面取得了一些重要成果，对足球战术意识的发展特征、足球竞技能力结构等方面有了较为系统、深入的了解，也从训练学角度提出了一些训练方面的建议。

### 1. 战术意识方面的研究

国外很少有专门针对战术意识内部结构的研究，更多的是从比赛中的竞技表现来考察战术意识，对战术意识的形成机制、各个因素对战术意识形成和发展的影响、战术意识的测量、战术意识的训练等方面进行研究。对足球战术意识的定义强调战术意识是认识、理解比赛并做出适当的战略、战术决策的能力。同时，突出战术训练的决策和认知内涵，旨在教会运动员在比赛中做出正确决策。战术意识可使用“Tactical awareness，Tactical consciousness，Sense of tactics”等词汇表达，也可使用“Game intelligence，Read the play，Perceptual-cognitive skill，Intelligence and game under standing”等词汇表达。从中外学者对战术意识的概念界定来看，不同的视角会产生不同的战术意识概念。在各种战术意识概念的表述中，一致认为足球战术意识是足球运动员在比赛中表现出来的一种特殊能力。从本体发生角度定义，意识本是思维决策活动。而意识被认为是一种能力，实际上这是从功能角度来定义战术意识。

张廷安分析了战术意识活动在足球比赛中的表现特点，讨论了足球运动员战术意识发展水平评价问题，揭示了足球运动员战术思维决策活动的基本特征，对足球运动员战术决策信息观察进行了模型建构。他提出“足球运动员战术意识活动的‘有序性’是提高足球活动效率的重要途径”的观点，并进行了实证调查研究来验证这一假设。以上述研究为基础，董昱进一步分析了少年男子足球运动员防守战术意识思维决策活动。

黄竹杭整合了国内外足球战术意识的两类概念，从功能角度指出“足球战术意识是通过训练逐步构建和完善的特殊能力”。从本体发生角度认为“足球比赛中的战术意识，是足球运动员在比赛中指导战术行为的思维活动”。他根据对战术意识形成过程的研究提出了相应的训练策略，揭示战术意识形成过程的阶段和特征，并提出了促进战术意识形成的有效手段。

### 2. 足球竞技能力方面的研究

随着我国一般训练学领域研究的不断发展，有关同场对抗项目群的研究不断深入，在竞技能力特征、竞技能力结构、竞技能力发展等方面的研究成果为一些学者探索各运动项目的专项竞技能力的认识提供了基本思路。竞技能力结构是我国运动训练学近年来理论研究的重要领域，主要涉及竞技能力结构、本质、制胜因素、基本要素及其他要素的组合方式等专题。关于竞技能力构成要素，最普遍认同的观点认为竞技能力是由体能、技能、战能、心能和智能五要素所构成并综合地表现在竞技活动过程中的运动

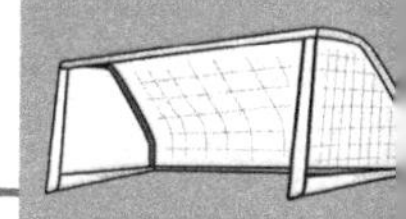

员参赛能力。徐本立则将其总结为心、技、体、智四种能力。在多项研究中，主要的分歧是“心理与智能”两者的关系，是相对独立还是“智能是心理因素的组成部分”。

关于竞技能力结构的代表性理论有“木桶理论”“竞技能力非衡结构及其补偿理论”“时空变化理论”“胶泥理论”“双子模型理论”等。这些研究基本形成了我国的竞技能力结构理论主体，为研究足球运动员竞技能力的评价标准和模型构建提供了思路和研究基础。

李宗浩对集体同场对抗类奥林匹克运动项目群特征、核心竞技能力及其制胜对策进行了研究。其认为“战术系统是运动队的主导竞技能力”，而“战术意识是运动员的主导竞技能力”，运动技术动作的抗干扰性是运动员的关键竞技能力，进而提出要重视从实战出发的训练原则，模拟训练是解决“练为战”的唯一有效途径。

关于足球竞技能力的研究，我国学者主要参照一般训练学常见的竞技能力概念体系对专项体能、技术、战术、心理、智能等要素进行分析。多数研究者的基本思路一致，认为对足球竞技能力深入研究的逻辑起点是研究足球制胜要素和规律，终极目标是解决足球场上获胜能力问题。一些研究者根据足球项目特征从球队竞技能力、俱乐部竞技能力、球员竞技能力等诸多角度进行研究，并达成了一些共识。球队的竞技能力是复杂竞技系统的一种非线性的整体功能表现，运动员个人和队员之间的协调配合及他们各种能力的合理搭配决定了球队整体能力的高低。

黄竹杭、杨雪琴、徐湘对足球专项竞技能力结构理论进行了深入研究，强调了战术意识的核心作用，他们认为战术意识是综合能力的体现，是足球场上所有行为的总控制，是依据足球运动项目的制胜规律和比赛要求通过专门训练形成的参赛能力。足球竞技能力是以足球战术意识为核心的多要素协同、支撑构成的系统。系统要素之间相互交叉、相互渗透，各个要素在战术意识的引领下通过战术行为发挥着特定的作用，同时又对战术意识的发展起着强化和支撑作用。足球战术意识包括战术决策和战术行动，战术决策和战术行动的目标性、合理性、及时性决定了其效果。以此为理论支点，他们提出了足球训练工作的核心和中心应该是足球战术意识的培养，足球训练需要构建以战术意识为核心的足球竞技能力结构。足球竞技能力一般遵循四种发展思路：重视对战术意识的理论认识和实战训练，重视战术行为的整体发展，加强心理训练的针对性，建立足球场上的“沟通交流语言”。这种观点为构建足球专项训练理论提供了新的整合思路和理论创新路径。

朱健民、潘国屏对高水平女子足球运动员心理竞技能力进行了实证研究，提出在运动员增龄的初、中期结合心理竞技能力的诊断进行多因子分层干预措施，以改变被动的渐进积累式提升运动员心理竞技能力的局面的建议。王峰对足球竞技能力进行了系统整合，把足球竞技能力系统划分为“足球行动、足球意识和足球意向”三大子系统，并对其中的子系统运用专家法进行了界定，指出足球意识的主导作用、足球行动的基础作用以及足球意向的保障作用。

目前各项研究仍然没有进一步深入战术训练实践层面，这些研究只能解决对足球竞技能力的认识问题，为足球竞技能力的训练提供基本思路，还无法为战术训练活动提供设计上的方法学指导，研究成果还不能在实践中得到验证和转化。对足球竞技能力的认识还需进一步深入，即在足球战术意识的组成、结构、形成机制、训练策略以及战术意识与战术行为的关系和训练方法手段进行更为深入和实证的研究。

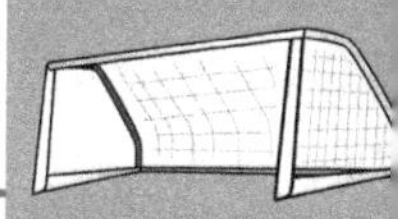

### （二）足球训练原理方面的研究

本书提到的训练原理与“训练观念”和“训练理念”的内涵基本趋同，只是略有差异。邓运龙认为训练观念是指“在对运动训练活动理性认识的基础上，为完成训练目的、任务所直接指导或支配实践的思想”。训练观念包括确定训练目标、确立训练指导思想、制定训练计划、选择训练方法、创新训练手段、组织实施训练和制定比赛预案七个方面的内容。张庆春则系统分析了训练理念的内涵和作用，他认为“训练理念从广义上说就是人们在理性思考和亲身体验基础上形成的关于竞技体育的本质、规律、价值和价值实现途径的坚定不移的根本判断与看法”。

笔者认为，足球训练的原理就是在足球训练中具有普遍意义的基本规律，是在大量的观察和实践的基础上，经过归纳和概括而得出的，既指导训练实践，又必须经受训练实践的检验。其主要内涵是随着人们对足球比赛和训练规律认识的不断深入而发展的。例如，20 世纪 70 年代以来，国际上重新认识了“街头足球”的重要价值，才找到了解决“训练脱离足球比赛实战”这个世界足球领域共同难题的出路。小型比赛因为借鉴了街头足球的“比赛性活动方式”与“充满自主抉择与创造行动”而逐步成为成人训练（包括青少年训练）的重要内容。

鉴于足球研究领域近年来的滑坡现象，有学者开始反思我国的足球理念，从足球比赛制胜因素和制胜规律来寻找足球理念更新和训练方法创新的理论基础和动力源泉。例如，谷明昌的现代足球理念，刘丹的球类训练理念批判以及张庆春的足球操作性理念研究等代表性理念。这些研究提出了一些训练的基本指导思想、基本训练理念、基本训练哲学和训练原则等，使人们不断了解青少年足球战术训练。这些都是足球战术训练原理的不同表现形式和不同侧重点。

当然，训练原理还须遵循基础的规律，如青少年身心发展规律和运动技能形成规律、足球比赛规律以及足球战术意识发展规律等。

我国也有一些引进的国外具有一定影响力和相对系统性的翻译成果。如荷兰足球协会的青少年训练指定教材、英国足球协会的官方指导教程、英国的《足球训练与球队管理》、德国的《足球训练全教程》《青少年足球训练教程》《足球训练年度计划》《国际足球教练员培训教程》、丹麦的《足球比赛体系与战术打法》、美国国家足球教练员协会编的《经典足球指导教材》《星级足球教练》等。这些新的理念，在中国得到快速的传播，使我国教练员开始用更为多元的视角和理论来进行自己的训练工作。

除了一些较为重要的理论性研究成果外，还有很多思辨性、经验总结性的战术训练研究。但是，这一类的研究层次普遍较低，系统性不足，很多概念和观点的来源缺乏依据。

另外，国外经过对优秀足球教练员的研究，认为那些取得成功的教练员的主要特征体现在两个方面：一方面是不断积累的丰富执教经验，另一方面是不断地向高水平的同行学习并与其进行交流。实际上，不同的教练员因自身技能、知识结构、内在需求和能力水平等诸多差异，对足球训练和比赛都有自己的独特看法。但是在实际工作中，教练员最终训练成效的高低还取决于多方面的因素，这就需要教练员在引进先进理念的基础上还要有解决执行力的问题，即教练员最容易直观体验到的训练操作层面的问题。具体来说就是训练目标确定、内容和方法选择、管理评估、实施和保障这些层面的问题，都建立在对足球比赛和训练基本规律认知的基础上。教练员要遵循这些基本规律才能在工作中游刃有余。

基于上述研究和对日益快速、复杂和国际化的足球训练管理环境的认识，国外的足球管理机构十分重视对顶级教练员的经验

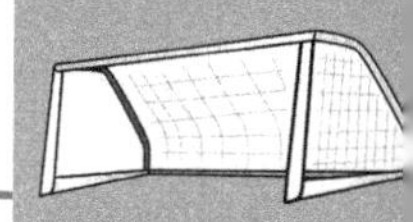

交流进行制度建设和机制保障，从而使教练员执教的知识、经验和水平不断提高。在科研人员和专家型教练的系统研究和合作过程中，逐步形成了系统的足球理念和实践体系，为足球教练员执教能力的不断提高打下了坚实的基础，也逐步构建了实践性、系统性和规范性的教练员培养体系，使足球教练员培训和职业化发展到一个新的阶段和高度，直接推动了青少年足球训练水平的不断提高。

### （三）应用性研究

足球训练的理论与方法为我国组织足球训练提供了科学依据。1949 年到 20 世纪 90 年代中期，在我国的足球训练以及训练质量的评估中，基本是以训练学的指标作为训练质量评估的评定标准。有学者对足球意识的 7 个外在表现与 14 项训练内容因素进行了相关研究，指出比赛、战术知识学习、观察能力训练、对抗训练、技术训练等因素与足球意识相关程度较高，应作为发展足球意识的主要手段，该研究为足球训练提供了基础性的理论依据。1997 年开始，中国足球协会组织了我国足球训练课的量化评定标准研究，以当时的甲 A 的 12 支球队春训准备期和竞赛期训练课为对象，首次引进了生理、生化指标，并结合训练学指标对技战术课进行评定。该研究还对技战术训练课训练手段的分类、质量检查及评定标准进行了分析。尽管该研究对训练课的评估引进了生理、生化指标，并进行了量化分析，但是由于没有结合训练课目标进行有效性评价，加之无法同世界顶级球队训练的相应指标进行参照和对比，因此该标准缺乏发展性。

从近几届国际足球与科学大会的成果来看，足球比赛和训练分析的智能化软件和硬件系统发展较快，这些研究的出发点和立足点主要为教练员分析比赛和决策提供了实证的、更为客观的依据。美国梅特兰足球俱乐部（Maitland）采用了足球战术虚拟视频训练法，在提高球员能力方面取得了令人瞩目的成绩。

足球战术虚拟视频训练方法即在编码球员姓名、动作和位置后进行数据统计输入，并增加声音逻辑编码技术，也就是运用声音识别技术以减少数据输入的工作量。未来发展的潮流是开发智能化的技术来分析球员比赛的表现，而不用任何的手工输入。

在位置信息统计方面，全球定位系统 GPS 的使用已成为潮流。德国 Cairos 公司开发的微型定位装置可以放在护腿板、球鞋甚至球衣里，在训练性的比赛中使用 GPS 装置与计算机可以实时传送球员的心率等体能信息，并提供一个更为全面的体能分析方式。互联网技术的发展也为跨地区传输实时比赛分析数据提供了便捷。在比赛数据和结果的输出方面将逐步实现三维的比赛画面分析，大容量的存储和智能化的数据追踪技术可提供更为便捷的视频分析结果。

近年来，一般训练学研究的结果和足球专项理论研究成果正在逐渐向实践靠近，同时借鉴国外重视具体要素的研究视角和方法，试图搭建理论研究与训练实际相沟通的桥梁。国内应用性研究的一条主线是通过录像分析研究高水平球队的体能和技战术特征，以追踪世界足球比赛的发展趋势和特征。这方面的成果提供了一个整体的世界足球发展图景。但利用来自电视转播信号的录像统计方法分析比赛受到了一些专家质疑，因为电视转播会漏掉不少比赛细节。

在战术教学与训练实践方面，国内研究者近年来开始关注足球训练操作层面。王崇喜在《足球教学设计》一书中指出，“应该根据训练对象的技术、战术能力和体能水平、战术练习的任务与比赛实战的特定要求、训练对象的人数、练习场地及器材设备条件等因素来选用和设计战术练习方法”。

黄竹杭、王芳在《足球训练设计》一书中较为系统地分析了

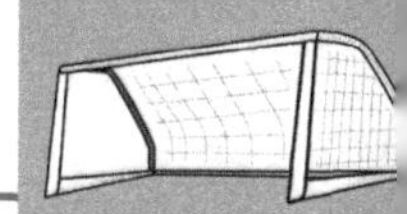

足球训练课程的类型、组织与结构，并针对性地说明了不同类型训练课的设计策略，对训练课的内容、负荷、方法以及训练场地和功放目标等的设计原则、策略及方法进行了探讨。曲晓光在《现代足球训练理念诠释与应用》一书中针对目前我国足球训练存在的问题，较为系统地阐述和分析了现代足球训练理念核心内容方面的变革，系统归纳和总结了教练员工作程序和青少年足球训练课的基本模式，结合实例操作性分析了现代足球训练理念的基本原理、练习内容和训练实践需要强化的细节。这些研究进一步推动了现代足球训练理念在我国足球训练实践中的落实进程，也为本书提供了研究基础和很好的借鉴作用。

## 三、战术训练实践领域存在的分歧

### （一）战术打法的选择

目前，在不同的国家队的青年队以及俱乐部的各级梯队阵型选择方面有两种理念。一种是坚持一种阵型，认为阵型是教会球员理解比赛的有力工具，同时对青少年球员十分重要。例如，西班牙国家队、德国国家男子足球队、西班牙巴塞罗那队、荷兰阿贾克斯足球队和德国拜仁慕尼黑足球队等。西班牙在各级国家队推行统一的传控足球风格。由于近年来巴塞罗那队有大批球员进入各级国家队，这些善于掌握比赛节奏的中场控制型选手，喜欢控球、快速传递和相互配合，而且都善于进攻。

西班牙国家队主教练认为，作为国家队教练必须按照手下球员的类型来制定技战术。20 年坚持一贯阵型的巴塞纳那风格自然塑造了西班牙国家队的风格。有人质疑，国家队坚持一种打法可能会限制球员的发挥。也有人认为，一线队与梯队的阵型不应一致。例如，皇家马德里队的青少年训练系统主要培养适应能力强的多面手，自2012年开始为西班牙甲级、乙级各俱乐部共输出了175名现役球星，这样的成才率在全世界恐怕就只有荷兰阿贾克斯足球俱乐部可与之比肩。纽卡斯尔联队和格拉斯哥流浪者的梯队也尝试了多种打法和阵型来提高球员对不同阵型的适应能力和比赛的全面理解能力。而慕尼黑1860队则专门在不同年龄组的梯队中采取相对固定的几种阵型，以强调比赛的不同特征。他们认为，阵型是青年队理解比赛规律的重要工具，因此需要认真、细致、全面地考虑其传递给球员的信息。这些俱乐部坚持一种理念，职业球队更换教练频繁，球员必须适应不同的战术需要、不同的位置和不同的阵型要求。对球员来说更为重要的是掌握比赛的原则，而不是阵型。

另外，意大利的青少年足球队是各种战术打法的试验场。很多俱乐部一线队的教练员都是在执教青少年球队过程中积累了大量战术阵型和打法创新的经验，而在成年队进行创新则比较困难，因为他们需要稳定的阵容和打法来保证比赛的成绩。

### （二）在不同年龄段的发展重点方面的分歧

欧洲的各个俱乐部包括一队在内，每个年龄组均十分强调技能训练，但是在技能发展方面的重点是传球还是运球方面存在分歧。欧洲足球联盟协会的技术报告表明他们更倾向于运球。欧洲不少俱乐部的青年队重视运球，球员都被鼓励控球和运球，比赛中的配合也较少。慕尼黑1860队则认为球员首先要学会1对1攻防，必须使球员在阵型中能够得到很多1对1的机会，因此使用人盯人战术。同时，他们也需要学会区域防守，因为区域防守比盯人防守更利于防守原则的教学。而巴塞罗那年轻球员则要求有更多的配合，1对1的进攻方式则不受鼓励。

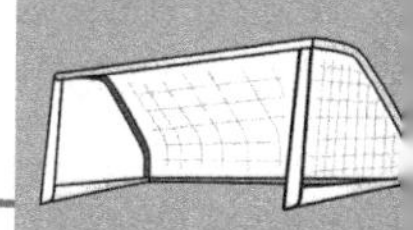



相对于欧洲的青少年训练在低龄阶段就十分重视对抗性技术训练，注重提高球员的战术能力，南美国家青少年球员在 15 岁以前，则很少进行专门的战术训练，更多的是强调个人能力的发展，教练员在战术训练上对其不作过多的要求。例如，罗纳尔多虽然 16 岁就已经成名，但是他承认自己对战术方面的理解主要是到欧洲踢球以后才有了系统的认识和实质上的提高，对于足球比赛的整体战术和位置有了更为细致和深入的理解。南美洲的阿根廷、乌拉圭与巴西的球队，都是这种发展思路，他们认为不能过早地对青少年球员进行专门的系统性战术训练，这样可能会限制青少年创造力的发展。

# 第三章
# 足球战术训练问题的审视

战术训练是任何球队训练都必须重点关注的内容，它关系着球队和个人竞技能力的稳定、健康发展。足球战术训练历来令教练员深感头痛，经常是投入精力巨大而收效甚微。

从我国青少年足球训练的情况来看，整体的科学水平较低，与足球强国存在差距较大，主要体现在训练目标制定、训练指导思想、训练组织、训练质量控制、训练保障、科学选材和医疗保健等方面。

## 一、战术训练与技术、体能训练的“割裂”

技术和体能在足球比赛中都占有极其重要的地位，它们是完成战术配合、决定战术效果的前提和保证。青少年阶段优先发展技术能力，是世界足球领域广泛认同的理念，但是如何发展，各国球队对此却有着不同的看法。例如，荷兰的足球队坚持技术、战术和体能一体化发展的训练理念，主张通过实战比赛来发展青少年球员的技术能力，认为“足球训练就是身体训练，身体训练就是足球训练”。在我国的青少年足球训练中，战术训练与技术、体能训练一直有着明显的界限。

原国家体育运动委员会编著的《足球教学训练大纲教法指导书》一书中对各个年龄段的技战术和体能的教学要点、训练内容、组织教法和训练方法有着系统的介绍，但是没有提出技战术与体

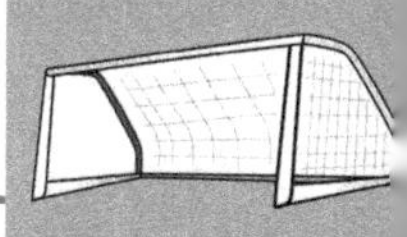

能一体化训练的概念、内容和方法。

谭斌指出，“我国青少年足球训练在提高阶段缺少一套完整的、系统的、具有针对性的训练方法与手段。尤其是在青少年球员的技战术运用能力方面，教练员的训练方法显得缺乏针对性，甚至步入了误区。有些教练员把技术、战术分开训练，忽视了相辅相成、互相制约的道理，没有把技术、战术融合并在实战中体现，致使运动员即使有过硬的基本技术也无法在实战中得到充分的体现，最终导致青少年运动员技战术运用能力低下”。

我国的青少年训练一直坚持“打好基本功”的指导思想。然而，对于我国青少年技术的表现，大家普遍认为我国的青少年在比赛场上“技不如人”是因为“基本功不扎实”。

针对提高基本功的问题，我国的青少年教练员认为，只有依靠无对抗的技术练习形式来反复磨炼才能使青少年运动员掌握技术和提高基本功。我国的青少年训练一直不提倡对抗和比赛，认为孩子年纪小、身体弱，对抗练习不利于他们的身心发展，因此必须抓好基本功训练。

基本功其实就是基本技术动作，因此在训练中，基本功训练内容是“大量的无对抗的技术动作练习”，而不是“技术能力训练”。

实际上，这种训练对球员来说很难提起兴趣，也容易疲劳。而以荷兰足球队为代表的现代足球理念则拓展了基本功的内涵，把足球技术运用直接相关的战术意识和沟通交流能力列入足球基本功的范畴。

国外教练员对“基本功”的内涵加以拓宽，使他们更重视培养青少年在比赛实战中需要的快速决策和技术应用能力。正是由于对基本功认识的差异和对于技术训练认识的差异，我国的足球技术训练普遍缺乏实战性和对抗性，一直遵循“长时间无对抗、较单一的技术动作练习”来磨炼足球技术（包括成年队），这种训练在各级球队训练中所占比重很大。

曲晓光等人曾对我国 U21（21 岁以下青年队）的 18 支冬训队伍的训练情况进行调研，发现这些队伍的训练主课全部为对抗性训练内容的只有 1 支球队，而 50% 以上的训练时间为非对抗练习的多达 7 支球队，由于缺乏对抗性的技术训练，缺乏实战比赛的技术训练很难提高球员的技术能力。

侯会生等人的研究表明，我国国家青少年足球队运动中的技术能力较差。通过使用曾为中国足球协会青少年足球技术总监法国人埃迪先生提供的基本技术综合评价的方法进行测试，结果显示，90 年龄组运动员基本测试成绩没有达到优等和良好的水平，达到中等水平的有 16 人，低等水平的有 6 人，差的有 1 人。从整体上分析，90 年龄组运动员的基本技术处于中下等水平，而在整体测试中，反映运动员快速运动中技术运用和完成技术动作能力的 30 米颠球射门和 30 米运球射门测试成绩普遍较差。

用无对抗的练习方式训练基本功依然是我国青少年教练员中普遍存在的现实问题。当然，教练员也注意在基本技术训练中提升球员的技术能力和战术意识。例如，在无对抗或消极对抗中用“加快技术动作速度”“传球后马上启动”“注意抬头观察”等语言促使球员在技术练习时同时提升意识。

但是由于这种训练没有真实接近比赛的情境，对球员的刺激程度不足，压力和负荷也不够，运动员很难将其转化成自己的能力并运用在比赛中。显然，技战术训练的割裂必然造成训练的“事倍功半”，投入巨大而效益低下。

教练员一直以来都用无球跑动来训练我国青少年运动员的体能，不紧密结合专项技术和战术进行身体练习。尽管我国足球领域近年来开始倡导身体训练要与技战术训练相结合，但多数人并没有真正理解原理和掌握方法，因此真正将方法落实到训练实践中的机会很少。这需要更为细致、系统的训练设计和

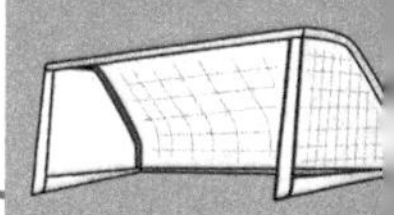

训练评价与控制，对训练细节要求极高。

吕楷对我国青少年足球教练员对体能训练的认知与实施进行了调查研究，发现我国U17及U15的青少年足球教练员多为前足球队退役后直接执教者。他们对体能训练原理、影响因素以及体能训练与技战术能力发展的关系等缺乏认识，训练中缺乏正确的理论指导，大部分仍沿用以往的训练方法，而部分训练方法不符合青少年身心发展规律。

## 二、战术训练的固定套路练习比重过大和训练强度过低

足球比赛制胜的主要因素是全队的协同配合能力，即战术运用能力，而不是专项技能和一般体能。尽管战术能力需要相应的技能和体能做基础，但在竞技水平相对较低的训练和比赛中，战术训练的作用和价值不易显现。

对手水平的高低和比赛的对抗强度直接影响战术应用与训练的效果。与实力弱的对手进行比赛时，实力强的一方往往会放慢攻防速度，比赛负荷也较低，技战术使用和对抗都会打折扣。同时，体能也得不到足够的锻炼与强化，当强度达不到较高水平时，战术训练和体能训练的效果都会降低。由此可见，其核心问题就是没有解决好战术训练的强度问题。

我国的足球战术训练一直以来十分重视“套路练习”，从小组战术到整体战术，基本上是套路演练，球员只是按照固定方式进行配合，即使安排了对抗，也是为了实现配合效果，演练的辅助球员往往需要配合目标队员共同“表演”。

过多的套路训练自然造成了训练与比赛的脱节，训练的内容也很难在比赛中体现。由于过度倚重“固定模式的训练”，造成了

训练与比赛严重脱节，球员很难在训练中感受到比赛中高强度的对抗和运动负荷。

## 三、战术训练不重视球员的创造力培养

对创造能力的理解，教育学家与心理学家持有不同的看法。有人认为它是发明能力，有人认为它是发散、产生思维的能力，甚至有人认为它是想象力。足球运动员在比赛中的创造力主要与解决足球场上遇到问题的能力有关，是在实践过程中表现出来的能力。

这种创造能力体现在球员对技战术决策和行动的敏锐性、变通性、独创性、流畅性等方面，更直观的衡量标准是快速和高超的 1 对 1 能力以及高压下的传接球能力。“速度”已经成为全球足球场上的关键词，例如，安特卫普足球队的前主教练马克·范·博梅尔在 2005 年输给巴塞罗那的赛后发言中指出：“巴塞罗那队速度和技能的结合，已经让我们无法与之抗衡。”

因此，创造力如果没有“快速”做保障，也就难以体现其价值。也就是说，要实现高速度与创造力的完美结合。我国的足球战术训练往往使球员无法体验比赛中的真实情况，创造力难以得到提升。在战术训练和管理的方式上，我国的教练员普遍倾向于采用专制的手段，主要是自上而下的单向“灌输”。

我国的教练员在训练中经常告诉球员“应该这样做”，而很少告诉球员“为什么应该这样做”。青少年足球教练员在训练中很少给运动员进行思考和讨论的机会。教练员很少能够建立起与球员身心发展相适应的、以民主沟通为基础的双向回应型训练氛围。

战术训练和技术训练都存在灌输式的训练理念，而缺乏发现

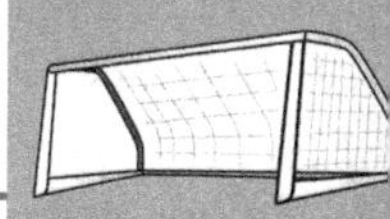

式、引导式的训练理念。

教练员很少通过比赛或其他方式方法来使青少年球员理解技术的目的、时机、合理性和实战性特征以及比赛的基本原则。缺乏个性和创造力是我国青少年球员最大的弱点。其原因是多方面的，但主要原因还是大多数教练员不重视培养球员的个性及球员个人的创造力。

## 四、战术训练粗放且创新不足

笔者通过对我国青少年教练员的训练案例分析发现，我国的教练员在战术训练课中很少提出不同战术内容和打法操作性的细节要求。在训练的指导要点中一般只有“注意传球准确性、抬头观察、注意沟通呼应、注意接应的角度和时机、出球要快”等定性的、笼统的描述。而对比欧洲足球协会联盟 10 位讲师的训练示范课设计，他们的指导要点更详细，操作性更强。这 10 位教练员来自法国、英格兰、德国、西班牙、苏格兰、瑞士、俄罗斯、丹麦，均是国家青年队主教练和职业俱乐部教练员。例如，西班牙皇家足球协会教练员讲师在训练目标表述上就十分具体：“提高球员的创造力和技能，以自己的打法风格来发展进攻移动的能力；提高球员对最有效进攻路线的识别和理解能力，取决于他们的位置。”同时，他对训练要点的分析更为详细，例如，在 60米×50米的场地安排 9 对 9 有守门员的攻防练习时，对后卫接到守门员传球后的四种传球方式带来的不同局面都进行了分析，具体到不同位置队员的行动选择细节。

在此基础上，他又安排了四种变化的局面进行训练。要求队员使用四种配合方式进行 10 分钟持续重复的练习，直到能实现同步为止。同时，他专门安排 5 分钟的积极性防守训练，最后再进行 10 分钟正式比赛。

另外，足球训练理论与实践创造性不足造成的我国足球训练理念和训练水平落后的问题长期得不到有效的解决。突出表现为训练和正式比赛严重脱节。在战术训练方面体现为简单、僵化、模式固定，缺乏系统设计和辩证思考，训练效果差，训练控制和评价落后。

我国青少年足球教练员在训练中很难有效地控制训练，完成训练任务。多数教练员在训练过程的监控上不够严格，随意性较强，观察能力较弱，不能及时、准确地发现训练中存在的问题。

我国教练员在简化仿真比赛局面，特别是问题导向型的比赛情境的设计上缺乏一定的理论指导和方法支持。例如，教练员都面临如何提高球员决策速度与技术能力的问题。每当观看训练和比赛，教练员习惯于语言要求，如“要动脑踢球，要抬头观察，脚下快一点”，但却没有从训练设计上进行干预。国外的教练员认为，如果训练条件设置合理，尤其是场区设置合理，球员自然就会经常抬头观察，而不用教练员大声地在场边呼喊。没有合理、有效的训练方法，不可能解决动脑和“快”的问题。总之，教练员在训练中必须日积月累地为队员灌输创新思想，这也体现了教练员的业务能力。

实践证明，教练员很难独立系统地总结出设计战术训练的方法，往往是挂一漏万。足球战术训练目前取得的效果只是体现在某些国家队和教练员身上。国际上足球打法的三次革命、几种流派的发展和演变也是足球战术训练不断进步的过程，其发展创新过程的主要推动力来自那些有着强烈好奇心、创造力和创新精神的教练员和学者，但他们毕竟只是少数。绝大多数教练员目前无法完全掌握和灵活使用系统的战术训练设计能力，因为设计创新的基础是对足球战术训练的基础原理和工作原理

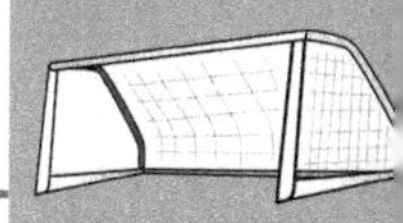

的深刻把握。

上述问题直接导致了足球训练战术的效能低下，从而影响了我国足球运动员竞技能力的科学发展。因此迫切需要对足球专项训练的理论和实践进行系统研究，对足球专项训练中的基础问题、关键问题、核心问题和其他难题进行攻关。

# 第四章
# 足球战术训练理念的设计

训练是确定训练目标，选择组织方案，确定练习方法，决定练习负荷，灵活运用对运动员进行指导的方式方法，是认真正确地进行训练过程与效果的评价或总结等这些环节不断反复循环的过程。世界上不同的地区和国家的足球训练实践虽然有一些变化，但基本相同。另外，世界各地在培训足球运动员的方法上，或者说在培养青少年足球运动员的方法上具有极大不同的差异来源于训练指导思想的差异，而训练指导思想的差异来源于项目本质和规律认识的差异。

## 一、足球战术训练的几个基本问题

### （一）对足球技术与足球技能的认识

足球技术是人们在足球比赛中改变或控制比赛进程的手段或活动，是足球战术对抗和心理智能对抗的基础，有狭义与广义之分。狭义的足球技术是指一个有球或无球的简单动作，是运动员完成单个动作的能力，如踢球、接球、射门、头顶球等。广义的足球技术是指根据足球发展实践和运动科学原理而发展成的各种足球动作的方法与技能。

足球技能主要是指足球运动员在正确的时间和位置上根据需要选择使用正确技术的能力。足球技能要求运动员在比赛中根据

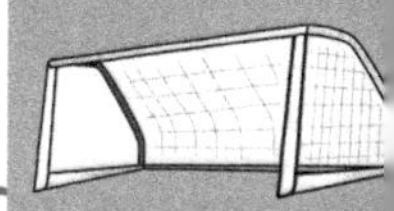

对手和队友的情况，做出使用何种技术的正确判断，所以技能更具有不可预见性。足球技术能力是整个足球比赛的起点，也是整个足球比赛得以延展的基础。国外足球技能训练十分注重 1 对 1 的基础技术能力。而 1 对 1 能否在比赛中得以有效运用，受多种因素制约，也是个人战术的一种。技术的前提是熟练，所谓熟能生巧，巧就是技术能力高超。现代足球快速激烈的比赛对球员的技术能力提出了更高的要求。

### （二）训练与比赛实战

足球发展实践表明，训练的最好导师就是比赛，比赛决定了训练的形式、内容和负荷。符合实战的训练旨在取得最好的训练效果，训练必须尽可能地与比赛实战一致，最大程度地包含比赛过程中出现的所有因素。1964 年我国就提出了“从实战出发”的足球训练指导思想，但是如何在训练中操作却没有理论和实践的深入研究，也没有形成自己系统的现代足球理论。教练员没有掌握“从实战出发”的可操作性训练设计理念和方法，“从实战出发”的训练指导思想便成了“训练口号”。

荷兰是当今世界足球知识输出大国，其训练理念的更新起始于 1985 年，是在“训练与比赛脱节”问题的发现和解决中逐步完善的。荷兰足球协会技术部在调研青少年培养工作后发现，大多数训练的焦点是分离的技巧，个人技能（传球、运球、射门等）和身体素质训练（跑跳等）。他们的技术人员重新分析了青少年足球学习的过程，认为球员是通过比赛目的和目标来学习足球的，因此教练员应该创造出真正的足球比赛环境为球员学习踢球提供机会。通过对街头足球作用的重新认识，将其中最有价值部分的“小型比赛”融入青少年球员的训练计划。在这种训练理念的指导下，荷兰进一步确立了“以问题解决为导向”的青少年训练设计理念，丰富了符合实战需要的训练内容与方法。荷兰各级足球教练员在足球协会的严密组织和监督管理下，新的“统一的训练观”在训练实践中得到了贯彻落实。荷兰的青少年足球训练方法也冲到了世界最前沿。英国足球青少年训练体系的缔造者休·詹宁斯就指出：“所有关于如何培养青少年球员的现代理念，都始于荷兰（阿贾克斯），他们是鼻祖。”

### （三）青少年实施对抗性训练的阶段

青少年在什么年龄可以进行对抗性的技战术训练，业界对此意见并不一致。有的教练员认为球员从启蒙阶段就需要进行对抗性训练，但其比重要低一些。而有的教练员则认为青少年 9 岁就可以安排对抗性训练。也有教练员认为对抗性训练的安排要等到 13 岁以后，依据是球员过早地进行对抗性技战术训练会影响其技术动作的稳定性，形成不良的技术结构和动作习惯。霍顿则认为青少年在 15 岁以后才能进行真正的对抗性技战术训练。关于这个问题，有一个现象可以给我们重要的启示——儿童踢球是为了乐趣。实际上，儿童踢球看似没有章法，但他们已经有了很清晰的攻防意识。儿童在踢球时总会丢球就去抢球，即防守，而在拿到球后就会全力地去得分，即进攻。只是他们没有配合意识，认知水平决定了他们只能以自我为中心，目标简单，但是攻守意识却很清晰。因此，儿童足球训练也自然需要安排有进攻与防守的比赛。

当然，世界各地青少年球队的训练中有很多只练进攻或者是只练防守的练习。这样的练习不是真正的足球练习，在这样的练习中运动员的技能也得不到真正的提高。因此，青少年阶段的战术训练应该设计对抗和攻守的内容，且在训练中一定要设计有对手、目标、球门等战术性要素，也就是以对抗性的技战术训练贯

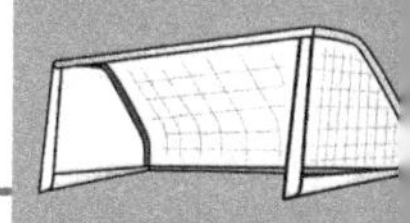

通整个青少年的足球训练过程。在青少年阶段，教练员应该把在对抗中运用技战术的能力作为训练重点，而不是等到队员成年后再作为重点。

### （四）融合战术元素的足球技能训练

笔者通过调研发现，青少年足球技术训练的案例中普遍存在战术性的目标和要求，这可以从收集到的各种训练大纲和训练案例中得到验证。例如，国际足联的草根训练手册提供的每一项技术练习都有战术性要求。其中，9~10 岁的青少年在接控球、带球跑及传球训练案例中战术性指导要点是：观察队友的位置；11~12 岁的青少年在球门前的技术训练中战术性指导要点是：具有对队友及球门的意识（视野）。

笔者对所收集到的 13 岁以上的训练青少年案例分析发现，技术训练主题大多这样表述："发展球员 ×× 技术的能力"，有的则是加上战术性的定语，例如，"发展球员在 ×× 情境下运用 ×× 技术达到 ×× 目标的能力"。这些重在提高运动员技术运用的训练案例往往按照攻防特点和球员的位置进行安排。当技术训练包含了技术使用的目的、时机、位置等战术要素时，突出战术性目的的足球技术训练就成为真正意义上的"足球技能训练"，自然也融合了"战术能力的发展"。

笔者发现，在青少年球员的启蒙和普及阶段，足球战术训练融入足球技能发展的过程中，提高阶段的足球战术训练则更为明确和具体，更为完整意义上的战术训练比重也逐渐增加。同时，提高阶段的足球技能训练更加突出位置技能，足球技能训练的战术性要求也更加突出。因此，笔者认为，青少年球员的足球训练应该是以足球战术意识发展为主线，以足球技能发展为基础，协同提高身体素质和心理智能的一体化训练过程。

### （五）把握青少年足球战术训练中的主要矛盾

矛盾是事物发展的动力。要科学地认识并设计好青少年足球战术训练，并对其主要矛盾进行分析和把握。

#### 1. 差异与共识的矛盾

球员和教练员在对战术打法的选择与训练上经常会产生分歧，这种分歧可能在教练组内部产生，也可能在教练员与球队管理层之间产生。战术打法与球员的招募和培养息息相关。此矛盾的解决需要教练员在训练的目标和主题上与球员、教练组或管理层进行良好的沟通或期望对战术打法安排达成共识。即使达不成共识，也要保证球员能够保留意见并坚决执行主教练的意图。当然这也基于主教练坚信自己的正确选择。

#### 2. 个人与整体的矛盾

在战术训练和比赛安排中，如何处理好球员个人与整体之间的问题十分关键。教练员不仅需要在战术打法和阵型上考虑球员的特点和整体打法的均衡，在训练课中也要合理安排个别球员训练内容与整体训练内容的衔接。另外，在战术和打法的学习过程中，球员要遵循从个人到局部再到整体的步骤，教练员要考虑协调个人与整体的学习进程的问题。青少年由于身体发育速度和成熟度的差异更加需要个性化训练，矛盾也更为突出。

#### 3. 攻守矛盾的处理

在训练过程中，教练员往往有一个主练的目标队和辅助的配合队。每一个战术训练的设计必须从攻守两个方面来考虑，即使是在没有对手的固定套路练习中也应设假想敌。在对抗的战术训练中，教练员更要合理调控攻守方向、攻守人数、场地、球门和

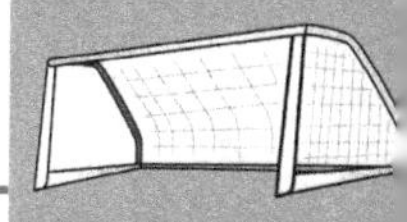

得分方式等训练要素来控制攻守矛盾的力量对比。

### 4. 全面发展与突出重点（特长）的矛盾

教练员不可能在有限的时间和资源条件下解决所有的战术问题。对于整个球队而言，既要掌握常见的各种战术打法来应对不同的对手，也要有自己擅长的打法。球员个人也是如此，需要掌握各种位置的技能，适应不同位置和不同的战术打法，这些都需要在训练中得到均衡发展。另外，在技术、战术、体能的一体化训练中需要有训练重点，即以技能为主还是战术为主，或者是以体能为主。另外，准备期和比赛期也存在阶段性的发展重点。

以上四个矛盾可能总结得并不全面，但基本反映了足球战术训练中的核心问题。教练员要想设计出理想的战术训练，提高战术训练效果，就需要处理好这几个基本矛盾。

## 二、足球战术训练设计的理念与方法学

足球战术训练的设计理念是教练员在战术发展规划与决策过程中所确立的主导思想，它赋予了训练设计文化内涵和风格特点。好的训练设计理念至关重要，它不仅是训练设计的精髓所在，而且能令训练更具有针对性、时效性、专业性以及展现教练员的个性化的执教风格。从球员竞技能力发展过程来看，整个过程是一个不断学习的过程，球员学习是通过训练和比赛进行的。教练员在训练设计前必须清楚并抓住其竞技能力的不同组成部分的关键点和发展途径。在此基础上，教练员需要设计不同的情境来调控核心训练要素，变化训练的复杂程度、难度以达到发展技巧和能力的目的。通过重复创造不断变化的情境，以稳定球员的技巧和能力，利用不同的比赛条件，来发展球员技巧的丰富性和变化能

力，为即兴发挥和创造性打下基础并留下空间。

青少年足球战术的训练设计理念与方法来源于足球训练和比赛实践，提出的训练原则不仅要遵循足球比赛的规律、青少年身心发育规律、运动技能形成规律，而且要遵循足球战术意识的发展规律。

## （一）足球训练设计的基本方法

我国足球界研究人员对足球训练设计的定义、内容、方法和框架等方面进行了探讨，他们普遍认为训练设计是一种工作方法，但至今仍未形成一个完整、系统且成熟的方法体系。随着现代足球比赛的发展和变化，足球教练员面临的问题日益复杂化与多元化。足球工作者对足球问题认识的广度和深度也在不断提升，因此，对于足球训练设计的研究也不应限制在某个固定的范式里，而应不断深化和创新，使之有效地指导足球训练实践。

### 1. 问题导引法

问题导引法是一种直接面对足球现实问题的实效工作方法，充分体现了教练员对足球问题的重视和思考。教练员首先要清楚球员和球队存在哪些问题，为什么会存在这些问题，这些问题对日后发展会造成什么样的影响，如何展开对问题的分析和解决等，并由此导引至对足球训练进行全面系统的诊断分析行为以及基础性的设计行为。

由问题导引引出的对足球各方面内容的分析，并不是对现状的简单描述和对现实问题的罗列，而是从多个方面深入分析足球训练和比赛条件、发展环境、发展历程、限制条件以及现阶段发展的基本情况等，并通过实际数据的收集与对现状情况的分析理解，形成一套评估球员和球队发展现状的评价体系。在可比较的系统内，分析球员和球队的整体竞技能力，对系统问题进行切合

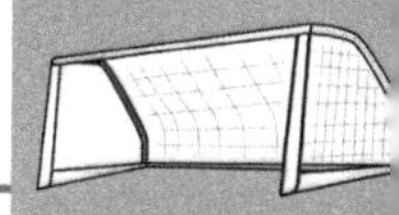

实际的诊断。

这种方法在使用时要注意把握足球问题的来源和解决方法，"就训练论训练"会导致对问题理解的片面性和主观性。球队的训练设计应从宏观上分析球队面临的现状和限制条件，探讨球员和球队的发展潜力，对竞技能力发展和目标进行总体战略性的把握，重点研究探讨球员和球队发展过程中特定时期竞技能力子系统的协调问题。

不同球员和球队面临着不同的问题，不同的问题会产生不同的设计侧重点，训练设计工作框架和基本内容的制订均因人、因队而异，从而形成训练设计特点鲜明的特征。问题导引法使训练设计基本摆脱了总体设计的繁文缛节，摒弃了面面俱到，从不同思维角度入手来理解和解决问题，有助于简化内容，突出重点，强调个性，是一种应变能力很强的设计方法。

### 2. 以竞技能力构成要素为导向的设计方法

在足球比赛中，球员和球队的表现是各种竞技能力的整合输出结果。在训练设计中会根据习惯按照技术、战术、体能、心智能等来划分竞技能力的系统。近年来关于竞技能力系统的研究使人们关注到其中更为关键的核心要素，即战术意识（战术能力）。在球员和球队的竞技能力发展过程中，如何在实现全面发展各种竞技能力的基础上实现个别要素的突出发展，实现补偿效益成为训练设计的重点内容。从某种意义上来说，训练的整体设计就是在宏观层面上帮助球队和球员分析自身优势和劣势，找准发展定位，整合各类有利于提升整体竞技能力的要素，挖掘球员和球队的潜在能力，使球员和球队能够自主地应对比赛。以竞技能力要素为导向的设计在教练员的训练案例中十分普遍，通常与问题解决导向的设计结合使用。这种设计方法是根据球员或球队的客观情况和发展内涵，有所侧重地选取相关内容，从而更直观、更有针对性地分析足球训练和比赛问题。

### 3. 多视角的训练设计方法

就战术训练而言，球队打法和阵型的整体设计需要考虑多种影响因素。教练员应该采取开放的态度，整体设计就更要开阔眼界、集思广益。多视角的战术训练设计构筑在多种思维、多个视角的交叉认识之上，使训练设计不仅关注技战术和体能训练问题，而是逐渐转变为一种具有多视角的系统设计类型。实际上，欧洲名帅弗格森、温格等就是采用多视角训练方法的典范。他们既是教练员又是球队经理，在系统规划青少年训练体系和一线队的整体打法和发展等方面具有决策权，同时具有高超的管理水平和系统开放的观念。

影响球员竞技能力发展和比赛成绩的因素错综复杂，是多因子且多层次的。球员视角的转变与视野的宽阔，对于全面理解和解决足球竞技能力发展的系统问题很有必要。系统的整体设计的基本视角是宏观的，然而，宏观问题的微观视角也应得到重视，应逐渐增加对实施性、策略性等方面的考虑。多方案备选是训练设计过程中的通常做法。多方案备选可以尽量协调理想与现实的冲突与矛盾，使教练员进行直观的理解与比较，做出更合理的决策。同时，足球训练和竞赛环境的复杂多变要求教练员探讨不同时间范围内、不同发展条件下训练策略的差异性与可变性。多种方案的尝试能够给球队提供较强的转换能力，帮助其规避训练风险，抓住关键机遇，使球员和球队可以健康稳步地发展。

## （二）青少年足球训练战术意识发展与训练设计理念

笔者认为，足球战术训练总体设计应该以球员理解比赛的主要规律（攻守原则）为出发点，以训练实践来提高应用规律的能力为目标。在足球战术训练时除了需要贯彻一般训练学的训练原

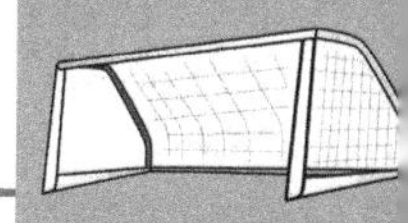

则外，还要根据战术意识发展的特征和形成机制进行专门性的设计。本书根据足球战术意识形成机制提出以下青少年足球战术训练理念，并对这些理念作进一步的方法学解释。

### 1. 足球战术意识训练设计

（1）关于足球战术意识，方法学解释为：战术意识培养效果要在比赛中检验，因此设计要以比赛中出现的问题为导向。正式比赛中不可能终止比赛进行指导，虽然训练性的比赛中可以指导，但也不能经常终止。比赛的简化仿真可以使球员逐步认识球的位置、队友位置、对手位置、球门、发生的场区等各种比赛相关的因素，进而学会分析机会、威胁和决策。例如，可以设计分时段小型比赛、分区域的小比赛。小比赛在有限的时间内提供了球员对比赛情景的模拟。小场地比赛充满了灵活性，可为球员提供更多的机会展示创造力。大量的 1 对 1 机会，有利于提升青少年的技能、自信。同时，小比赛使球员有更多的触球次数、技术动作和战术行动，要求球员全面参与比赛，而不会过早限制球员的位置，这些都有利于青少年战术意识的发展。

（2）采用多种手段提高运动员观察分析运动条件的效率和效能。方法学解释为：使用多学科的方法和手段，有计划且有针对性地提升运动员的运动知觉、注意力、运动记忆和运动决策的能力。

（3）记忆库要不断更新，要重视学习足球战术知识。方法学解释为：战术知识是比赛中的合理法则，战术知识通过广泛的迁移和积累，可以达到概念化和系统化程度。战术知识的概念化和系统化能够使战术意识转化为稳定的能力，并在比赛中表现出来。因此，需要设计出多种方式使球员学习战术知识。随着战术训练层级的不断提高，及时更新战术知识。

（4）不断提高对应答行为的认识水平——培养评价能力。方法学解释为：在战术知识学习基础上，运用多种手段，如理论学习、案例评价、训练互评、团队战术研讨等多种方式可以提高球员对各种应答行为的评价能力。同时，教练员要经常检验队员对战术意识的认知水平有没有进步。

（5）全面而丰富的足球技术训练。方法学解释为：使运动员掌握更多的技术、技巧，球员在有球和无球两种情况下有多种选择的机会，因为技能的丰富性在一定程度上决定了战术的丰富性。

### 2. 足球战术训练设计理念

基于足球运动员战术意识能力结构构建过程中表现出的四个规律性特征，即操作性特征、层次性特征、阶段性特征和有效性特征，基本设计理念如下。

（1）一体化设计——技术、体能、战术紧密结合，以战术意识发展为主线。方法学解释为：每一阶段的战术目标是技术训练的设计和实施基本框架。实际上不同类型的技能组合决定了球员能够胜任的位置和发展空间。对于教练员来说，不同年龄阶段的训练设计也不同。从战术意识发展来说，个人战术—局部战术—整体战术的训练是逐步提高的，其技能要求也在逐步提高。笔者认为，在这三个阶段中，每一阶段的技术训练都充分体现出本阶段的战术培养要求，在技术动作的丰富性、多样性、合理性等方面针对战术要求逐渐增加难度。例如，成年队的技能发展相对稳定，难以再有较大突破，因此设计重点是根据球队整体打法需要以及小组配合需要进行技能训练的设计，主要目标是强化位置技术和整体配合的技术细节训练。对于青少年球员的训练来说，则是根据潜力和特点面向未来发展的塑造过程，因此在全面发展技术能力的基础上更加突出个性化和针对性的技能组合设计。战术发展与技能发展本质上是要求一体化进行的，因此，球员技术训练模型和组合既要结合队员特点，更要根据不同位置、不同打法、

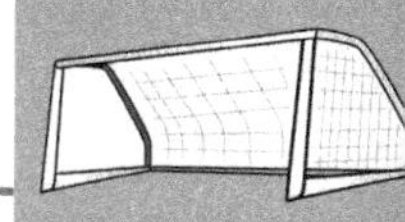

不同核心队员以及战术发展目标中具体的战术要求来设计。

（2）设计明确和操作性强的目标。方法学解释为：每个战术练习要使运动员的运动知觉、注意力、运动记忆和运动决策能力都得到训练。如何在练习过程中有针对性地对这些能力施加影响，主要体现在实施练习中提出各种不同要求和相应的训练要素的变化上。训练效果的好坏，取决于练习的目的性、合理性和有效性，关键是看要求是否到位和丰富。战术训练目标的确立，首先要看计划是否具体、是否方便执行，要尽可能地提出量化的可操作性的要求；其次是要让球员可以接受富有挑战性的训练，令人兴奋的训练使球员更有成就感；最后是分阶段进行目标设计，而且能够记录下来方便监督训练进度，在训练中严格按照要求去监督队员的执行情况，是队员快速进步的关键因素。

以实战训练为例，队员应把注意力集中在训练的主题上，因为在这种自由的环境下，教练员和队员往往会忘记所要训练的主题。实战演练和正式比赛的区别在于：教练员要提出特定的限制要求。教练员在实战训练中必须明确要求，以便增加战术运用机会，但不是故意创造战术运用场景。例如，不能故意限制一方只能在墙式二过一后攻门等，而是允许队员将新学的战术知识运用到不受限制的比赛中。

（3）设计循序渐进的训练进程。方法学解释为：战术意识能力结构建过程中呈现的层次性特征和阶段性特征，一方面表明运动员在学习和掌握足球战术内容时，必须由低一级层次向高一级层次发展，逐步掌握各项内容。另一方面说明运动员在学习和掌握某一足球战术内容时，必然要经过开始阶段、实践阶段和形成经验阶段，各阶段的学习手段和要求有各自的特点。球员的战术培养是从低起点开始，即根据他们的能力、经验、知识、接受能力来开始基本战术的学习，逐步培养战术意识，由此逐步提升战术理解力。

首先是训练战术所需的技能。战术训练要根据队员的接受能力和实际水平（年龄是主要的参考依据）来施加不同的压力，逐步提高队员的技能。其次通过限制场景与压力，结合实战进行演练的不同阶段使训练逐步升级。通过训练培养球员的独立思考能力，提高其决断能力，以此逐渐提升战术的复杂程度。最后放手让球员自主比赛。

（4）设计要符合运动员的年龄特点和能力水平。方法学解释为：足球运动员在发展足球战术意识过程中，各年龄段存在不同的发展特征。这是由不同年龄的运动员在认知能力、身体素质发展过程中的不平衡性决定的。因此，战术训练方法和手段的选择，要依据运动员的年龄特征有所选择，年龄是教练员确定训练目标的基本参照点，但有些球员由于成熟较早和前期训练较有成效，则可以进行更高层次的训练。

（5）以比赛为核心的实战训练（最综合的训练手段）。方法学解释为：这是由战术意识能力结构构建过程中呈现的有效性特征决定的。有效性特征是指运动员在学习和掌握足球战术内容时，练习手段不仅要与比赛环境和比赛要求相一致，还要与战术意识发展阶段相一致，这样才能使运动员在比赛中表现出自己已具备的战术意识，这是战术意识训练的重点问题和基本前提。在进行一项新的战术内容的学习和训练时，教练员应该尽量以问题解决模式来呈现战术问题，与比赛实践紧密契合，设计的训练条件尽量接近比赛真实场景。训练应在布置好的有限制的环境中进行，并明确界定活动范围和队员位置要求。

（6）重视采用合理的对抗练习来提升战术意识。方法学解释为：战术训练不仅要从封闭的、预设的训练环境逐渐过渡到开放的、真实的比赛环境中，同时，也要逐步增加训练的压力或者对抗程度。当队员理解了训练的战术意图，且能在适中的压力下演练这种战术的时候，就必须撤掉封闭物，使训练更加动态化，更

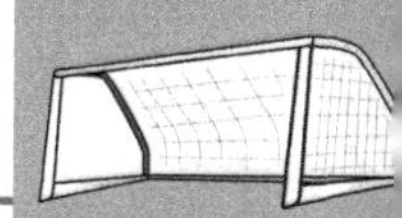

符合实际比赛，以此创设出真正的比赛模拟。教练要根据训练中球员战术行为效果和训练目标不断调整训练的限制条件，逐渐把重点放在各种对抗局面的设计上。这是一种限定环境下的战术训练，通常需结合不同区域进行。例如，前场、中场或后场，边路、中路、罚球区等。此时教练员应严格要求队员，因为这是培养良好习惯的最佳时期。总体来说，训练手段应突出对抗特点、快速简练，尽量接近比赛实战，抓住队员的特长和特点，解决好局部问题。

（7）训练不断创新。方法学解释为：图式是人们头脑中记载陈述性知识的主要方式之一，它可以通过两种方式习得或改进：一是增加新的知识于原有图式中，即同化；二是重新建构图式以适应新任务的要求，即顺应。因此，为了使球员的战术意识可以应对级别逐渐提高的足球竞赛环境，需要在训练中不断加入新的战术知识，在训练设计中要不断提出新的任务，寻找新的方法。例如，在运用方块训练法、区域训练法、战例训练法、冻结训练法、计时训练法、逼迫式训练法、分解训练法和完整训练法等方法时，可以通过多种变化来创新。基本思路是在遵循比赛规律的前提下，按照战术训练目标的要求，变化训练要素的要求、调整要素组合和改变要素结构等方式来进行创新。训练方法还要追求多样化、激情化、趣味化。同时，不要对“套路”要求过多，应合理分配比例。对“套路”的要求过多，就会限制队员的意识发挥和即兴发挥。比赛中主要展示的是在特定环境下处理球的意识和能力，而不是“套路”。意识展示的是“应该往这儿跑”，而套路的展示则是“必须往这儿跑”。两者的跑动形式和路线可能是相同的，但意义却不相同。

### （三）青少年足球战术训练设计理念的创新

“兵无常势，水无常形”，足球战术的运用和训练自然也是训无定规、战无定法，这就需要教练员要在训练和比赛中因时、因地、因形灵活运用，更需要球员在比赛中协调创造性与整体性。例如，在当今“小型比赛”不断流行的足球训练中，如何通过小比赛发展青少年球员的技能和战术能力是一个比较困难和复杂的事情。有的人单纯地认为，只要让孩子不断地参加比赛，在各种小比赛中不断地体验，其技术能力和战术能力就会得到发展，其实这种观念是对实战性比赛训练特点的一种肤浅的认识。在青少年训练中过分强调街头足球的自由与创造性，并不能应对当今世界青少年训练日益正规化、系统化和竞争日益激烈的局面。

现代青少年足球训练更加关注青少年的全面健康发展，针对年龄、天赋、个性、素质、能力水平等特点，更加注重因材施教与整体发展的均衡。对青少年足球训练最有价值的指导思想是，个人能力是一切能力发展的基础，小团队、小区域能创造更好的学习效果。青少年球员足球训练需要注重这方面理念的贯彻，其理念的创新要实现以下功能转变。

### 1. 单一化的训练向多元综合的训练转变

所有的战术训练设计必须由只关注战术向实现技术、战术、体能、心理多元目标的发展，同时战术的理论、知识、技能与方法等也要进行综合训练。多元综合的战术训练是以基于战术实施过程的能力形成目标而不是单纯的战术配合运用。因此，在设计中，需要将战术各项基本理念、基本知识、基本方法与技能有机地融入训练内容中，形成基于战术全过程的综合化的训练内容。这种设计以“高度整合”为特点，以球员的综合战术能力为目标，将模块式的内容进行融合而形成的具有自身鲜明目标的训练课程。

### 2. 战术训练目标由“套路练习”向突出实战能力转变

多元化的战术训练在设计过程中，要摒弃传统战术训练以

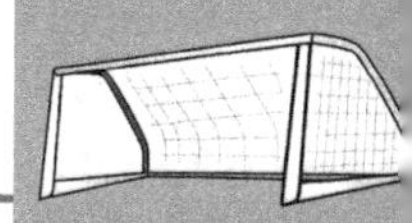



“套路练习”为主的理念。战术训练的主要目标是培养球员的实战能力，主要途径是通过近似比赛的练习和训练形式将青少年引入充满趣味的比赛中，通过实战来学习足球、理解足球、掌握比赛和技能的基本知识和基本原则，通过结合比赛实战来提出技术和战术任务，在训练和比赛中同时发展技能。这种以实战能力为目标的训练设计抛弃了孤立、形式主义的练习，有利于发挥青少年的想象力，在逐渐习惯比赛实战的过程中学会识别、解决各种典型的足球局面和问题。

### 3. 战术训练内容由传统体系向基于战术能力的体系转变

以往的青少年足球战术训练在不同年龄阶段的训练内容安排，主要是以常规的战术分类体系作为参照系。例如，众多的青少年教练员基本都以知识性战术体系进行训练设计。研究发现，这种知识性的战术内容体系正在向能力性内容体系转变。例如，提高球员快速攻守转化时刻的快速进攻能力往往以“问题为导向”，即在不同的阶段，通过不同类型的比赛来检验球员相关能力的发展，发现问题、诊断问题，并由此制定针对性的训练方案。不过知识性的内容体系不可能被完全取代，因为青少年的启蒙阶段主要突出“知识性内容”的训练设计，而在他们提高阶段和成年后更突出“能力性内容”的训练设计。在我国传统的青少年训练中，这种训练专题和能力要求是球员在 15 岁以后才可能得到关注。然而，现代足球的训练理念则要求这种能力从球员的启蒙阶段就要开始培养，即从 1 对 1 能力开始。青少年球员从小就要在各种小比赛中学习、理解攻守的基本原则、位置和行动合理性，随着年龄的增长不断提高对抗性和复杂性，以适应更高的训练难度和强度。以基本的整体移动为例，整体移动需要球员对前后左右球员的位置变化有很好的观察能力和及时根据攻防原则进行调整。这种整体移动能力的训练在国外是从小就开始进行培养，通过3对3学习三角站位，4对4、5对5、7对7等练习来不断得到提高和发展。已经去世的前任中国国家队主教练布拉泽维奇曾指出，中国球员在个人技术能力上不比日本、韩国等亚洲传统强队的球员弱，但在战术和整体组织上还是要弱于他们，这反映了我国青少年训练阶段在战术训练方面的落后。因为足球项目对于战术的要求非常高，很多战术细节在球员15岁以前都要基本掌握。多元化、综合的战术训练设计正是在这样的理念下完全打破原有的与战术知识对应的训练内容，从能力培养出发，以不同位置、不同时刻、不同目标的战术过程分析为训练设计的基础，以项目化的形式综合各位置、不同时刻的战术技能，实现由战术训练向高水平综合化整合的转变。

### 4. 训练主体、过程、场所一体化设计

训练质量的高低取决于教练员与队员的融入度，为此，必须通过建设虚拟仿真与现实环境一体化的训练比赛平台，并辅以信息化的训练设施设备等途径，将科技信息、训练信息、比赛数据、战术学习和战术训练融为一体。

（1）训练主体的一体化是指教练员与球员的一体化。在训练设计中，要以球员为主体，将球员和教练员共同作为训练的计划者、执行者和评价者，不断提高球员自主学习、评价与实践的能力。尤其在青少年训练中，一定要给球员留有自主练习的空间，同时大胆运用各种合作式、启发式的训练方法，使球员对战术的理解力随着认知水平的发展得到同步提高。

（2）训练过程的一体化是指战术讲授、战术学习和战术训练的一体化，即训练在实施过程中要体现“讲授中有练习、练习中有学习、学习中有练习”紧密契合的训练观。训练设计要求球员在讲授、学习、练习的一体化过程中自主学习，不断提升学习能力和实践能力。

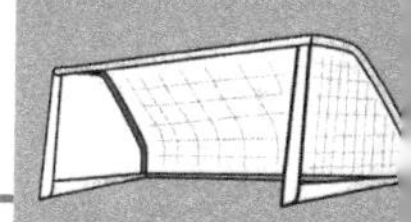

（3）训练场所的一体化是指球场、教室、虚拟场地和虚拟教室的一体化。通过将技能监测系统、技战术分析系统与训练无缝对接，训练和比赛的有关数据能及时在训练过程中得到反馈和使用。同时通过虚拟网络学习和训练平台真正实现将实验室、教室搬到球场，将教室和球场搬到家中。基于互联网的无线通信终端不断小型化和便捷化将更好地推进场所的一体化。

## 三、足球战术训练目标确定

### （一）战术训练目标设计的基本特点

训练目标设计是运动训练设计的重要内容，运动训练设计主要包括训练指导思想（或训练理念）、目标模型和训练计划。根据足球战术训练的过程，足球战术训练目标的设计流程，如图 4-1 所示。

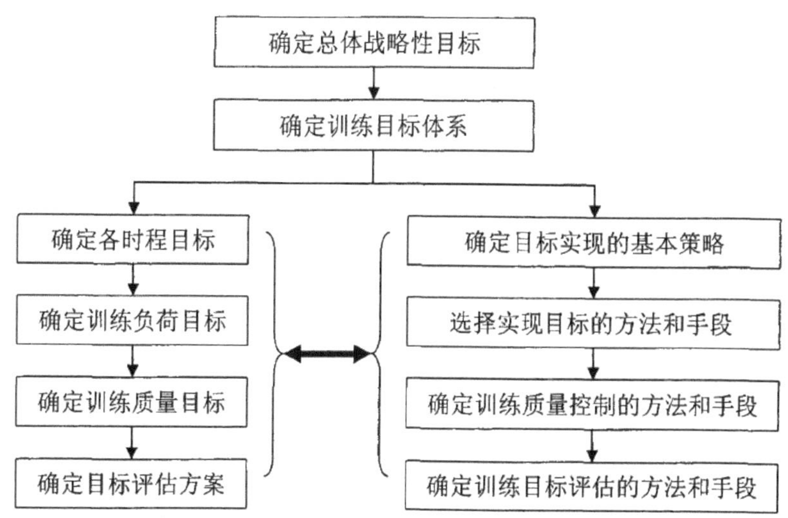


**图 4-1　足球战术训练目标的设计流程**

战术训练的战略性目标主要是在确定基本的战术打法思想的

基础上，进一步确定阵型和具体的打法。而战略目标的选择前提是对球员和球队起始状态的准确诊断，主要包括两点：一是进行生物学、心理学、训练学以及综合的评估与预测来评估球员的竞技天赋；二是在不同的训练阶段对竞技能力的评估，一般是在一个训练大周期前和阶段性评估时进行，其诊断内容主要定向于专项竞技能力，常用手段是多学科复合式的诊断，对训练指标、运动医学指标和心理学指标进行综合的或有所侧重的评估。这是训练目标设计的基础工作，也是整个训练工作不可或缺的关键环节之一。

在确立战略目标过程中，通常有两种设计技术路线：一是教练员确定基本战术思想和阵型打法，根据阵型和打法的要求来招募球员或训练球员；二是根据球员的特点和能力来选择合理的阵型和打法。在确立战略目标的基础上，进一步分解、确立各时程目标（如多年、年度、阶段、周、课时训练目标）。这两种路线很难评价其优劣，实践中教练员往往需要根据自己的认识和情况进行选择。训练目标体系的确立是整体战术训练设计的重要一环，决定着训练发展的方向。

总体来说，青少年足球战术训练目标的设计有不同的设计模式和思路，不同的阶段有不同的表达方式。例如，基础训练阶段最好是用内容表达方式和能力性表述，在比赛的准备期、比赛期都可以采取问题解决性的训练目标设计。对于青少年球员来讲，在安排内容性目标与问题解决性目标的比例、时间、进程等问题上，需要统筹协调规划。

### （二）目标确定的影响因素

通常，训练目标是教练员综合内外部因素而确定的。内部因素主要是球队自身的情况，外部因素则是对手的情况、天气、地

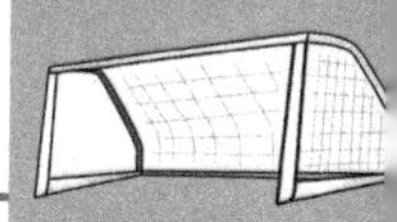

理条件等因素。影响因素分析可以为训练目标的确定提供结构化分析框架。

当然，战术训练目标的确定还要考虑对手的因素。主要可以分析对手的基本阵形，主力球员特点、优点和弱点，主要打法，配合默契的球员、体力等。当分析球队、对手的情况以及训练条件后，就可以对训练目标进行选择，确定目标后再对训练内容和方法进行设计。

### （三）战术训练目标设计要求

在青少年球员的训练目标设计中，“因材施教”的总体基本要求是突出“个性化”和“适度挑战性”。在进行具体的目标设计过程中还要满足以下要求，才能为球员指出合适的努力方向。

#### 1. 可行

目标对于教练员、球员、球队的能力和特点而言，应是现实的、可实现的。西班牙名帅博斯克指出，教练员必须根据球员的特点来选择阵型和打法。如果训练目标是学习掌握巴塞罗那风格的控制性打法，就需要有像伊涅斯塔这样的球员，否则这个目标很难说是可行的。

#### 2. 可信

“可信”是指教练员确信自己能完成这个目标，对自己的能力有信心，相信自己能够在设立的条件内完成，同时这种相信要通过与球队的沟通达成共识。有经验的教练员通常会通过设立目标来激励自己和球队。设立的目标虽然很高，但整个球队要相信通过自己的努力是可以完成的，在努力的过程中，团队凝聚力也将得到很大提升。

### 3. 可控

“可控”主要是指教练员对一些可能会最终影响到实现训练目标因素的控制能力。因此，教练员用什么方式来表达自己的目标非常重要。如果有教练员说“我的目标是在赛季开始前打 5 场热身赛”，那么，这种表达目标的方式就违反了可控性的原则。因为这种表述方法忽略了被拒绝的可能性。而“我的目标是在一周之内跟 10 支球队联系热身赛事宜”就是一个可以被接受的目标，因为教练员可以控制相关的可变因素。

依靠他人的帮助来实现自己的某一目标是有风险的，因为可能会忽略目标设立的“可控”原则。从这一点来说，教练员同教练员团队和球员的沟通十分重要，以民主合作的方式设定目标有利于形成良好的团体心理氛围。实践证明，教练员如果坚信自己的方案正确，就要坚决执行。

### 4. 可界定

“可界定”是指训练目标必须是以球员和有关辅助人员都能理解的口头语言或书面语言进行表达。一个训练目标的用词必须仔细推敲，这样才有可能将其进一步分解为一系列的组成部分或短期目标。有时表述一个目标非常困难，因为需要把抽象的感觉变为具体、清晰的陈述，如“提高球员在中场由守转攻时刻快速进攻的能力”。

### 5. 明确

“明确”是指教练员只陈述某一特定的目标，并且在一段时间内只集中于这一个目标。同时，这个指导原则也要求教练员需要非常慎重地遣词用句，比如“提高比赛节奏控制能力”，但是“节奏”到底是什么意思？节奏控制能力提高体现在哪些方面？如果说体现在比赛攻防速度的快慢变化上，那么，什么情景下慢、

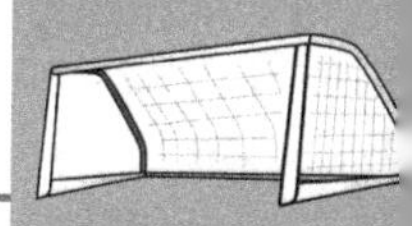

什么情景下快？什么时候要快慢变化？用什么手段和方式实现？显然，提高比赛节奏控制能力是一个内容丰富、长期的训练目标。一段时间内只能解决其中的一个子目标或某一个方面，例如，提高球队在进攻三区突然加快进攻速度的能力，“明确的”目标设计要求教练员在一段时间内不能集中于过多的训练目标。

### 6. 可量化

“可量化”是指目标尽量以一种能够用数字加以衡量的方式来表达，而尽量不要用宽泛的、一般的、模糊的或抽象的形式，如只说提高球员利用空当的能力或提高球员转移进攻的能力。球员的水平是否提高需要用一种可以衡量的方式来表达目标，例如，目标是两周的时间内提高中场队员转移进攻的速度和成功率。

经过两周的训练，教练员在设立目标时使用了可以测量的目标单位，通过比赛中的技术统计和观察就可以知道是否实现了自己的目标。战术训练时，球员的心率、动作速度、不同配合形式的使用数量和成功率、推进速度、传接球数量都可以在战术训练中进行量化统计，成为训练的目标。战术训练设计时也要有可以衡量的训练效果的标准，以此来准确评价目标，为有效训练的实现和调控打下基础。

## （四）不同视角下青少年足球战术训练的目标设计

按照有无具体的“同态仿真”对象可将青少年足球战术训练目标分为自主型目标设计和对象型目标设计。

### 1. 自主型目标设计

自主型训练设计，即在实际训练工作中，存在无法找到合适的仿真对象的情况。这时，教练员只能根据球员和球队的特点来设计无仿真对象的目标。这种情况在足球领域更为普遍，因为就足球运动员的竞技能力而言，很难抽象出理想的球员目标模型和球队模型，不同身体条件的球员都有可能成为有独特风格的球星。

但是，对于青少年阶段的球员来说，由于他们的身体还处在快速发育阶段，很难按照成年球员的模型进行训练设计，因此只能抽取出现代足球需要的总体性技战术能力的要求来进行训练目标设计。例如，球员战术决策合理、快速、果断，行动选择和技术运用能够在高压下高速、准确地完成。筛选出这种优秀足球运动员的竞技能力特征很难量化，也很难像田径、游泳等项目一样来量化评价指标。一些研究对战术能力进行的模糊评价研究还不能提供更具操作性的评价工具。

因此，这对教练员的因材施教提出了更高的要求，这种情况在青少年训练中更为明显。这就需要青少年教练员在人才培养过程中高度重视定性与定量相结合，以提高选材和育才的成功率。

### 2. 对象型目标设计

对象型目标设计又称为“目标模型”设计，这既是运动训练的基本内容，也是运动训练科学化的切入点，同时还具有现实意义。

这种目标设计的主要特点就是选定学习的对象，并运用模型的方法来抽象出对象原型（被仿真对象）的形态、特征和本质。在运动训练领域，广泛使用这种朴素的模型方法，在足球训练中也十分普遍。由于足球技能的开放性和连续性以及较高的认知要求，因此在动作完成过程中无法进行很多的反馈调节，需要建立一种目标模型。从动作技能的目的、组成和获得形式来分析，动作技能在本质上的首要特征就是“任何一项动作技能本身都具有专门的目的”。

因此，在足球训练中，对象型的目标设计可以延伸到具体的

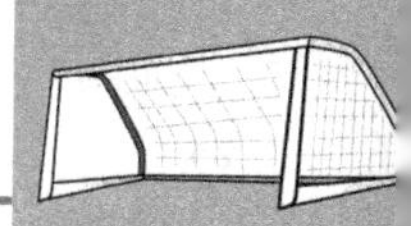



操作层面。当然，目标模型的设计主要还是针对多年训练计划、年度训练计划和大周期训练计划。针对周训练、课时训练计划的目标模型设计则不多见。

笔者认为，如果把目标模型的设计方法延伸到周训练和课时训练中，其实是对目标模型的设计方法的完善。足球训练中的目标对象可以是一个阵型、一种打法、一种具体的配合，也可以是个人的战术行动，或者是球队、小组和个人全方位的各种竞技能力构成要素的整体模型。这些力图通过训练达成的目标需要在真实的环境中得到检验。因此，目标球员、目标小组和目标战术、目标打法、目标阵型的应用环境和条件也应该是进行目标模型设计时需要考虑的重点内容。

因此，这种环境的构建和再创造需要不同的技术和方法，是属于训练设计的另一个层面，要具体落实到每一训练课时和每一周的训练中去。这也是笔者在本书提出的“同态仿真”的主要原因之一。具体到周训练和课时训练中的训练目标设计，需要重点考虑的工作就是如何构建微观的训练环境，为每一个具体化的目标创造最接近比赛的实际情境。

### （五）不同的训练阶段对于训练目标的要求

目标是对训练活动结果的预期。按照时间标准可以分为长期目标、中期目标、短期目标等，不同的时间各有其不同的训练重点、内容和要求。对于多年度的目标设计，球员发展潜力评估的科学性、实现的可能性是评价目标是否合理的重要指标。而要想真正实现多年的训练目标，在足球领域就需要不同阶段的教练员进行良好的沟通和紧密的协作，这对青少年球员尤其重要。

球员在发展过程中，其长期目标会有一定的调整，而在训练过程中如何把长期的目标分解为更为具体的子目标和目标体系，进而选择相应的操作模式，则需要系统地设计。这种具体化技术路线如下：按照年龄阶段进行目标设计确立基本的训练目标；按照竞技能力的构成要素进行目标设计，如按照个性、体能、技术、洞察力和沟通等方面进行目标设计；在前两步的基础上，根据运动员的实际能力、训练时间、训练条件、比赛安排等进一步具体化训练目标；对不同的训练阶段进行目标设计，逐步具体到周目标和课时目标。

目标的具体性、现实性和操作性是目标设计的基本要求，但是如何客观、准确地衡量目标达成，或者说设计出客观可测量的目标是训练设计的一项重要内容。但是，足球领域的测量指标不太容易设计。目前，国内使用的青少年技术测试标准主要借鉴了英国的测试标准。由于我国青少年的身体条件和机能与外国青少年有所差异，要想设计出符合我国青少年情况的训练与测评标准则需要进行本土化的改造。

足球运动的特殊性，使运动成绩预测较为困难，尤其是球员个人更不容易预测自己的成绩。因此，对于球队的训练目标和球员的训练目标来说，根据本专项已知运动员发展过程中其运动成绩的变化的规律性趋势及其运动年限，动态性地提出预测性的运动成绩参数在足球领域则是一种不太现实的做法。

但是，教练员可以随着训练经验的积累，对足球规律逐渐深入和不断借鉴相关学科的理论和方法，提高评价指标的可测量化和符合现实的程度，使其预测逐步趋向科学、准确和可靠。

### （六）准备期训练目标设计分析

本书以准备期为案例剖析不同训练阶段的战术训练目标设计的基本技术要求。教练员在准备期的工作是系统性的，需要俱乐部的目标、资金、工作人员的支持、球队的优势、集训或热身赛、

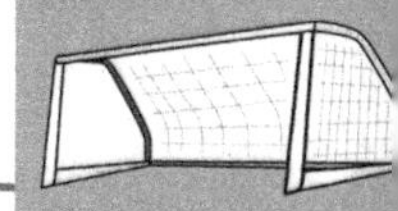

比赛日程、对手情况等诸多方面进行协调和规划。

对于赛季前的训练设计而言，通常需要考虑以下要素：身体能力、方法策略、打法、比赛阵型、友谊赛等内容。其中对于友谊赛对手的选择有不同的思路，有的球队希望先进行难度较小的比赛，然后再进行较困难的比赛，有的则相反。

赛季前准备期一般是4周、6周或8周，亚洲球队一般是6~8周，欧洲球队一般只有4周。顶级球队为了保持状态经常会在准备期进行友谊赛。以6周的准备期为例，其总体原则是球员每天的训练量不能太大。其基本的目标包括更有效的球队组建，合适的体能水平的发展，技战术和心理品质的发展。其中战术和战略是准备期的重要训练目标，在准备期整体的训练设计框架中占据很大的比重。

在战术训练目标设计中，球队的战略目标是前提，包括球队的战略目标和球员的战略目标，在战术发展目标上则是战略目标的细化。

球员起始状态诊断。训练起始状态的诊断是整个训练工作的起点，因此准备期的一个重要工作是评估球员是否为训练和比赛准备充分，这是整个足球训练工作的前提，主要评估内容包括体重、速度测试、力量测试、耐力测试等。对于青少年球员来说，还需要重点测试其技术能力发展情况，为制订发展性的战术训练目标提供依据。

战术目标设计要求。优秀且适合比赛阵型的理解和发展，要选择最适合本场比赛的队员，而不是最好的队员；选择最有效的阵型；建立战术发展的支持系统，通过定期会议、运用视频和理论分析、战术理论教育等进行战术意识培养。

# 四、足球战术训练内容设计

## （一）战术训练内容的来源

比赛是球员最好的老师，战术训练内容主要来源于足球比赛。“从实战出发”的训练原则意味着训练内容必须与足球比赛密切相关。通常青少年学习和提高足球技战术能力的最佳方法就是反复练习。在大量尽可能贴近比赛的练习中保持强烈的求知欲，在比赛的情景中完成技术动作，在实战中发展、提高足球技能。要满足上述要求，就意味着训练设计需要从比赛中转换出训练内容、训练场景，同时在这种比赛性练习和练习性比赛中不断进行检验和问题诊断性的指导。

## （二）战术训练内容设计的一致性要求

战术训练内容的设计需要满足一致性要求。这里所指的一致性包括两个层面：一是训练目标与训练内容的一致性；二是训练内容之间的一致性。训练课目标是选择与安排训练课内容的重要向导，训练内容是训练目标的有效体现。

因此，训练内容的设计必须有利于目标的实现，同时训练目标要求的技战术内容在训练中能够重复出现并保持一定的量。训练课中各个内容之间的对应和衔接是提高课时训练质量和效果的一个重要因素。

前面的练习内容要与后面的练习相对应，以提高一致性，包括主要技术动作、球的路线、跑动路线、场地的大小等，相互脱节都会影响练习的效果。我国著名教练周穗安指导在点评某学员设计的射门练习实践课时指出“引导性练习和主要练习之间，球

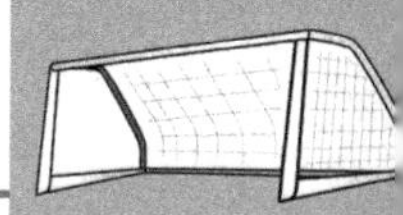



的滚动方式不同，相应的技术应用就有差异，对抗练习不同内容之间的战术要求也要衔接、对应。”

### （三）战术训练内容设计的类型

具体的战术训练内容设计有两种基本类型：一种是综合能力训练内容设计，如提高攻守转换能力、提高比赛节奏控制能力的训练设计等；一种是突出位置能力的训练内容设计，如提高前锋、前卫、后卫在不同时刻的各种攻防战术能力，主要对应位置职责和任务来设计训练内容。

### （四）战术训练内容设计策略

战术训练内容设计策略即个人训练内容与整体训练内容的有机结合。足球运动不仅需要团队，还需要个人来具体实施，而个人行动是基础。运动员个人战术行动选择和能力直接影响着整体的战术行动效果和球队整体表现。成功的球队能将个人技术和能力融入整体打法，这是一个很艰难的均衡过程。教练员不可避免地要解决个人战术训练内容与整体训练内容的衔接、过渡等有机结合的问题。

扬长避短的设计策略——弱点补偿与优势强化。全面加特长是现代足球竞技能力发展的趋势。荷兰球星罗本就是典型代表，罗本在边路切入后直接射门的个人战术在世界杯上屡试不爽，对方球队即使非常清楚其特点，防守也总是力不从心，这就是高超的个人能力的重要价值所在。

全面发展意味着要采取弱点补偿策略，即根据战术行动的要求筛选出球员和球队的薄弱环节或短板进行补偿性的专题训练。发展特长意味着采取优势强化策略，以及充分利用球员和球队的优势竞技能力产生的积极补偿效应。通过对优势或特长技战术的强化和提高将使整体的竞技能力提升到更高的水平。例如，以积极性的控球打法为主的西班牙等球队，基本的传接球配合和快速进攻是其经常性的训练内容。而以防守反击见长的球队，则经常安排提高反击速度与成功率的训练课内容等。

循序渐进地选择训练内容。足球战术的内容丰富、变化多样，难度和复杂程度也不尽相同。因此，战术训练内容的设计也要充分考虑不同训练内容的难易程度差别，并认真研究相互之间的逻辑关系。战术训练内容需要由简到繁、由易到难、由个体到小组和整体，逐步增加对抗强度和人数。

### （五）战术训练内容设计的技术路线

战术训练内容的设计是将训练目标不断细化的一项工作。本书通过分析收集的训练案例发现，足球战术训练内容设计通常遵循以下基本的技术路线：一是对训练目标涉及的战术内容的基本原理、特征、类型和操作性要点进行分析；二是对战术内容的具体实施需要的条件和球员应该具备的能力进行分析，同时要识别出球员和球队在这些指标上存在的差距；三是对应球员或球队在战术内容不同的操作要点上存在的问题，有针对性地设计训练内容。例如，如果训练前锋队员，就需要对前锋位置的打法原理、特征、类型进行分析，筛选出四种基本选择，进而对每一种基本选择的关键环节进行分析，提炼出操作性要点，才能实现针对性的训练设计。

对于不同战术行动的操作性要点分析是训练设计的关键环节。以边路进攻为例，当边卫在中线边路区域控球时可有三个传球点选择。一是向远端反插肋部空当的前锋队友传球；二是向近端牵制接应的前锋传球；三是向边路插上边前卫或边后卫传球。

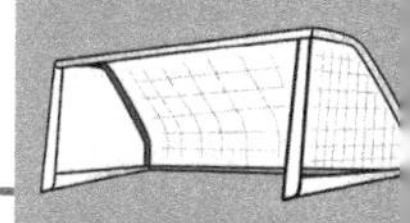

在中线边路区域，边卫控球的机会很多。训练的关键是掌握这种打法配合的细节并不断磨合，如控球的时机、位置、传球时机、跑动时机等。如果在任何一个环节出现差错，配合都不会成功。例如，球员跑动时一定要有假动作，将对手向反方向吸引，同时在跑动时要有突然性转变，同时保证进攻速度等。

在战术配合中，技术细节会改变战术配合的质量与效果。因此，不仅在训练课的准备部分要充分准备好过渡性训练，在打法的技术准备、摆脱方式、传球位置、时机选择和传球方式等方面都要有专门的设计，更要在训练的主体部分对出现的问题有针对性地进行调整和强化。

## 五、足球战术训练方法和手段选择

运动训练方法是在运动训练活动中提高竞技能力，完成训练任务的途径和方法。就训练方式而言，足球战术训练方法有很多种，如分组练习（Team）、两人小组练习（Pair）、小组活动（Group）、程序训练等多种方法；就训练的层次而言，有控制性练习、指导和半控制性练习、不加控制的（自由）练习或比赛。选用何种方法和何时使用应取决于训练的目标和球员技战术的熟练程度。

20 世纪 70 年代以后，技战术、体能一体化的训练方法逐渐被世界各国接受，其中荷兰著名足球教练威尔·科沃尔（Wiel Coerver）开发的“Coerver”足球训练法是其中的典型代表。该训练方法的设计理念是采用分解的方法，将技战术行动拆分成相互关联的细小环节，并一步一步联系来训练所有的球员。“Coerver”训练法也是主要通过小型比赛来发展球员的战术意识，同时强调设计多样的方法和多种的比赛情境来提高球员的技术能力，重点突出培养控制球的能力，并十分重视技术的运用速度、反应的敏捷度和爆发力训练。

## （一）不同训练方法在战术训练中的应用特点

根据不同的分类标准，运动训练方法可以有多种。按照发展竞技能力分类标准可以分为体能训练方法、技术训练方法和战术训练方法以及心智能训练方法。本书主要讨论青少年足球战术训练的方法。根据运动训练学的研究，通常把分解训练法、完整训练法、重复训练法、间歇训练法、持续训练法、变换训练法、循环训练法、比赛训练法以及特定条件训练法等归结为操作性的训练方法，而把模式训练法和程序训练法归结为整体控制训练方法。

在足球战术训练方法体系中，这些方法都有不同的价值和作用，需要因事（目标和内容）、因人、因时、因地进行合理的选择和运用。战术训练方法还有一些独特的方法，如虚拟现实训练法、想象训练法、模拟训练法等。

### 1. 分解训练法

分解训练法是技战术训练的主要方法，主要应用于战术和阵型训练中。一般先分解为局部 2~3 人之间（相邻位置）或各条线上的小组进行练习，然后逐步增加人数和扩大场区并过渡到整体攻防训练。

### 2. 完整训练法

完整训练法主要应用于最小的战术配合单元训练中，在启蒙阶段和普及阶段最为常见。例如，传切配合或二过一战术配合等。那些要求快速衔接与连贯性较高的个人战术行动的训练也经常采用完整训练方法。例如，运球过人突破、接球摆脱射门等。

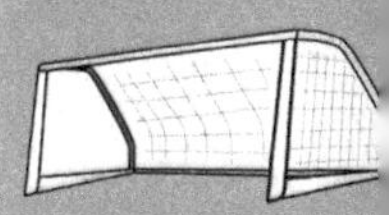

### 3. 重复训练法

重复训练法有两种类型。一是用不同的练习形式发展同样的战术内容，类似于变换训练法。即针对某一项战术能力或战术配合、打法等内容的训练需要在一种或几种练习中反复出现与比赛相似的应用情境，让球员自主决策、理解基本原则，不断提高对战术的认知和执行能力。二是特指同一练习的多次重复，两次练习之间安排相对充分休息的练习方法。重复训练法经常用于各种基本技战术提高阶段的训练，一般宜采用长时间的重复训练法（2~5 分钟内）。

### 4. 间歇训练法

间歇训练方法是青少年球员在 15 岁以后足球训练的主要方法之一，此训练法对多次练习时的间歇时间作出了严格规定，使机体处于不完全恢复状态下，反复进行练习。在技战术、体能和心智能一体化训练的现代高水平竞技足球领域广泛应用。例如，利用各种连续攻防技战术练习发展专项体能，尤其需要运用这种练习速度与速度耐力要求极高的训练方法。另外，从实战出发的训练原则也要求技战术训练的负荷必须达到或超过比赛的需求，以提高技战术在比赛中的熟练性与稳定性。间歇训练法主要包括高强化性间歇训练法（一次练习的持续时间在 40 秒之内）、强化性间歇训练法（40~90 秒之间）、发展性间歇训练法（一次练习的持续时间至少在 5 分钟以上）。这三种方法主要根据不同的训练阶段进行选择，例如，在球队准备期的发展有氧能力阶段，就主要采用发展性间歇训练法。

### 5. 持续训练法

持续训练法主要用于已经熟练掌握基本成型的某种战术配合或攻防打法的练习活动。在训练实践中，持续训练法经常同发展性、强化性间歇训练法结合应用。

### 6. 变换训练法

变换训练法在青少年足球训练中尤为重要，通过变换运动负荷、练习内容、练习形式及练习条件，以保持青少年的积极性和适应性的训练方法。例如，在新战术内容的学习阶段、掌握与提高阶段可以通过变换训练法来调整负荷量或强度，以提高训练效果。

青少年球员的认知特点和体能特点要求在技战术训练中广泛使用内容变换训练法，以提高球员的训练兴趣，发展他们的创造力。但是，这种变换训练法的采用，不能以损害训练的针对性为代价。也就是说，内容的变化不能脱离训练的主题内容，在主要技术动作方法、战术行动类型和体能要求方面都要符合特定战术内容的要求。更为重要的是必须选择在真实比赛中经常使用和出现的打法和战术配合。

### 7. 循环训练法

循环训练法在以技战术为载体的专项体能训练中较为常用，通常是指根据训练的具体任务，在不同的区域设置若干个练习站，运动员按照既定顺序和路线，依次完成每站练习任务。此法在发展局部配合的战术训练中也经常运用。例如，在提高转移进攻能力的训练中，很多教练员将分解训练法与循环训练法结合运用，在不同的区域设置练习站或练习小组，采用相同或不同的配合形式，进行分组循环训练。之后通过增加人数，将不同的练习站或区域连接起来扩展到整条线或全队的战术训练。

### 8. 比赛训练法

比赛训练法是战术训练最重要的方法，主要分为限制条件的

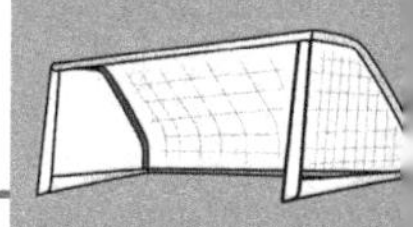

比赛、模拟比赛方法和正式比赛三种训练方法。这种训练方法贯穿球员的整个发展阶段。现代青少年足球训练最核心的理念是通过各种形式的比赛来发展足球比赛所需要的体、技、战、心、智等各种竞技能力。青少年尤其通过各种小型比赛来理解比赛的原则、规律，检验自己的训练成果，以更好地发现不足，从而享受足球，提高兴趣。

为巩固强化全队整体攻防打法，磨合阵容和阵型，必须反复多次利用比赛训练方法。模拟性比赛训练方法旨在完成某一特定比赛任务，提高训练的针对性与目的性，通常用于准备期的最后阶段以及赛季中，主要是模拟真实比赛的对手、环境及比赛氛围等。

为了在准备期使全队形成与重大比赛相适应的最佳竞技状态，进一步磨合阵容试验打法，或者发现当前有可能影响比赛成绩的关键问题而展开的训练活动，一般采用参加正式比赛的方法。例如，参加热身赛、对抗赛，或者参加各种性质的邀请赛、表演赛等。

## （二）战术训练方法设计的基本要求

### 1. 训练方法要满足战术训练目标的需求

足球战术训练方法的选择首先要满足训练目标的需求，而这个目标则有娱乐性目标和竞技性目标的差异。对于青少年而言，教练员更要重视训练方法的选择以满足青少年球员的全面健康发展，使青少年既能体验足球训练的快乐，又能承受艰苦训练和比赛带来的竞争压力。战术训练方法的选择应依据不同层面设计的战术训练目标，分析各个练习方法的主要功能，并在此基础上将各个训练目标与对应的训练方法进行整理与归类并逐步形成足球战术训练的方法体系。

#### 2. 训练方法要满足特定战术训练内容的需求

战术训练内容丰富多样，不同的训练内容对训练方法都有特殊的要求。例如，学习与掌握复杂的技战术配合通常采用先分解、后完整的训练方法。青少年球员需要全面发展竞技能力，提高创造性，而各种类型的比赛就是被广泛采用的训练方法。尤其是借鉴了“街头足球”优点的小型比赛更适合发展球员的创造性。因此，战术训练方法的设计应针对训练内容的特点而制订。

#### 3. 训练方法要满足不同训练对象的需要

战术训练方法的选择必须面向训练对象来设计，所采用的训练方法应与特定的训练对象的实际竞技能力发展水平相适应。青少年的足球训练方法要符合其认知特点与接受能力水平。趣味、直观、简洁、多样且便于实施的训练方法有利于球员对技战术的理解与操作，加速学习进程，提高训练效能。应该避免选择过于僵化、单调、复杂、烦琐的训练方法及手段，否则只会使青少年球员“离开球场”。

### （三）战术训练方法设计的基本技术路线——“同态仿真”

足球训练课所采用的各种训练方法手段要面向“比赛问题”设计，旨在能够直接、有效地解决“足球”的问题。为了使训练“从实战出发”，训练实践中人们主要运用比赛训练和模拟训练两种方法。这两种方法实际上是对足球比赛的仿真（模拟），是对比赛情境的再现。

笔者通过分析近年来国际足球界日益普遍的“小型比赛”的训练方法，发现“小型比赛”整合了比赛训练方法和模拟训练方法的优点，同时有效地解决了训练时间和训练资源的约束

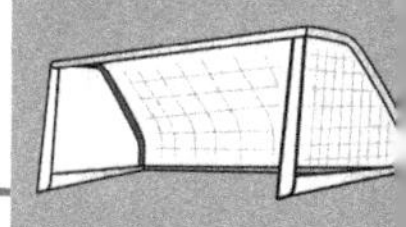

问题，使球员能在有限的时间和场地内尽可能多地参与实战性训练。

小型比赛是比赛的简化版，其主要通过攻防人数增减，场区调控（包括方向、大小、形状等），条件和规则设置等训练要素的变化来调控比赛的结构，从而改变比赛的作用，来满足训练目标的不同需求。比赛的简化就意味着不是真正的比赛，因此只能是仿真。

为了尽可能地使球员得到更多的比赛实战机会，使特定的战术训练内容达到足够的训练负荷，教练员则需要对比赛简化的程度进行调控。调控的基本思路是通过调整训练要素之间的结构，实现在简化训练的同时最大可能地与真实的比赛情境具有相同的形态和功能，在本书中称为“同态仿真”。

例如，在简化比赛设计战术训练时，战术训练中的训练方式方法与运动员在实际比赛中的身体活动及供能特点要相互吻合，动作结构、技术动作和战术行动方式的使用比例要和真正的足球比赛相对应。其中一些关键要素的变化往往会使训练的形态和功能发生“质变”，教练员要识别出训练中的这些关键要素，这样才有可能实现对比赛简化的同时使训练与比赛情境最为接近。

简化与同态仿真的均衡是教练员需要掌握和不断提高的关键能力之一，也是足球教练员培训的重点内容。只有掌握了小型比赛的设计原理，才能在训练实践中做到举一反三、触类旁通，能够应对复杂、多变的训练环境，完成多样的训练目标。

笔者通过对搜集到的大量小型比赛案例设计分析后发现，小比赛是对比赛的简化，其设计的基本技术路线可以总结为“同态仿真”，主要包括以下内容：

（1）教练员抽取出足球比赛中的问题情境，包括时间、场区、人员、目标、方式等要素。

（2）把比赛中的问题分解为三个时刻进行目标设计，可以选择本方控球、对方控球、球权转化这三个时刻中的某一时刻。

（3）对实际比赛中参与的人数进行精简。在练习中适当减少人数，但是比赛中出现问题的队员必须参与训练。这样可以减少练习的难度，提高训练效果。因为人数多不易指导，所以要求目标队员（问题队员）之外的球员都是陪练。

（4）对实际比赛发生的区域进行还原和简化，主要是场地的大小和形状，而场地形状因为攻守方向的差异，会对技战术运用产生重要影响。场地可以不在实际的场区，但是形状、方向基本上不能调整，所以主要是调整场地的大小。

（5）制订一定的规则和设置练习条件，可以使练习更加规范化，突出解决重点问题。规则包括触球次数、得分方式、技术使用等，使练习构成的场景尽可能接近实际比赛，而且能够使这种场景在练习中反复出现。

（6）对训练的支持性要素的设计，包括练习分组、实力均衡、练习组数和时间、控球方式、练习间歇等。主要是保证训练的强度调控能达到比赛的要求。

以上 6 个环节构建了“同态仿真”的基本流程，其中（1）~（4）环节使战术训练具备了比赛情境的基础要件；（5）~（6）环节进一步进行训练要素的精细化调控。主要为了使练习更好地呈现比赛情境，更多地重复比赛情境，训练负荷等要素特征更加接近或超过比赛要求。

### （四）青少年球员不同发展阶段的训练方法选择

#### 1. 启蒙阶段的训练方法

启蒙阶段的训练近年来日益受到业界人士的重视，足球发达的国家都十分重视这一阶段的训练。德国运动学家罗伊纳尔认为

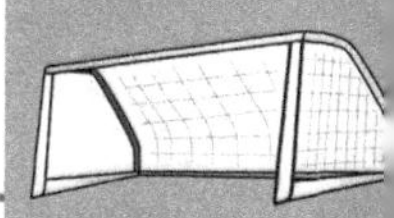

大脑皮层的神经在青少年 9~12 岁年龄段发展最快，这个年龄是运动员发展的最佳时期，也是最佳的学习阶段，他们能够迅速地学习掌握新的运动过程，具有适应各种复杂条件的运动系统能力。

日本足球协会把启蒙阶段称为“黄金年龄段”。需根据儿童的身心特征采取合适的训练方法，“青少年更喜欢被激励而不是被训导”。儿童的足球训练更多的是采用具有游戏性质的训练方法。在乌拉圭，训练儿童的最好的方法就是采用游戏法，让孩子们无拘无束地表现自己，并不需要教练员的强迫命令或考虑未来的位置。

国际足球联合会的草根足球计划也重点关注 6~12 岁青少年的足球训练。这个阶段的基本技战术学习与训练多采用小型比赛的方式，以提高竞争性和趣味性，在小型比赛中引导青少年球员观察、感知和理解比赛的基本原则和规律。高强度的间歇训练方法在这一阶段不宜使用。

### 2. 基础阶段的训练方法

基础阶段年龄段为 12~15 岁，是技战术全面发展的阶段，训练的效果对未来的发展起决定性作用。这一阶段的比赛训练方法更高级、更复杂，限制条件的比赛训练方法得到了广泛应用。正式比赛不断增加，训练次数和强度不断提高。在战术训练方法的选择上，限制条件的比赛训练方法与循环训练方法、变换训练方法相结合，使球员全面掌握各种战术配合和打法，适应各种位置。战术技能的发展重点是强化提高 1 对 1 能力以及局部配合的能力。训练方法要多样化，强调灵活运用以提高球员的创造力。

### 3. 完善阶段的训练方法

完善阶段的青少年运动员年龄在 15~19 岁之间，这个阶段的训练目标是提高技战术能力、身体素质，为进入一线足球队做好准备。这个阶段的青年运动员具有独的立思考能力，足球战术意识和技术已基本定型。教练员主要通过比赛来指导并提高他们的技战术水平、整体的战术配合和各种打法。可以采用高强度的间歇训练方法、分解训练法以及限制性的比赛训练方法来学习更为复杂的战术配合和打法。

# 第五章
# 足球战术训练的质量管理与训练优化

对战术训练质量进行管理的基本任务就是对战术训练系统的全面了解、有效设计和高效运行。

## 一、战术训练质量管理的基本原则

随着足球运动员比赛的增多，如何在训练和比赛中进行合理的质量控制，在消除运动性疲劳的同时发展球队的战术能力和技术能力，使球队的整体表现达到训练规划中提出的目标要求，这是多年来世界各国足球领域专家极为关注的研究课题。训练质量管理逐渐成为所有球队管理工作的重点。球队战术是指基本战术原则的最佳使用方法，并确定出哪种行动会形成最佳的进攻和防守。每一支球队的战术训练都应该符合自己的长期目标和短期利益。不管是短期目标还是长期目标，都需要高质量的战术训练来一步步实施和实现。对于青少年运动员而言，其身心特点决定了足球战术训练的质量管理成为关键点。训练在实施过程中会有各种影响因素或干扰因素，消除这些因素的消极影响除了一般性的保障手段外，还要对每次训练课进行系统的设计和规划。

青少年的战术训练质量管理对训练设计的要求体现在以下几个方面。

## （一）要以比赛为中心

比赛是战术训练质量管理的起点和重点。随着年轻球员的逐步成长和胜负欲逐渐增强，他们通常喜欢参加各种形式的比赛。经常是在练习一段时间后，大多数孩子都会问一个问题：“我们什么时候来一场比赛呀？”因此，对于青少年球员来说，安排比赛（简单比赛或整体比赛）十分有必要，这将进一步刺激球员对新的技术和技巧的练习。以比赛形式进行训练课可以提高球员的兴趣，保持强烈的竞争动机，也可以为检验新技术、新技巧或者即将学习的主题提供展示的机会，同时在展示中发现问题。如果学过的技术和技巧没有得到有效贯彻，比赛需暂停并进行有针对性的专门练习，一旦抓住了要领就要马上重新开始比赛。这种拆分练习并组合到整体打法中的训练称为隔离训练法。因此以比赛为中心的训练机制是保证青少年足球训练质量的重要策略。发展技战术，通过比赛来发现问题和不足，并检验学习成果，调整训练进展，从比赛的典型局面中寻找训练的内容和重点，是比赛的重要意义，也是从实战出发的训练原则的操作性解释。

## （二）要实现球员全面发展与球队发展的均衡

教练员对球队的比赛打法和采用何种战术都有自己的想法，但是实践中最困难的地方就是如何把战术思想和观点灌输给球员。这既涉及球员能力有限的问题，也存在训练时间的限制。对于这一阶段青少年的发展而言，教练员面临着理想与现实之间持续的较量过程。一方面需试图建立球队的打法体系，另一方面也面临球员全面发展的要求，需要让球员在不同的打法体系中适应不同的位置和不同的打法。而这两个任务的完成需要具备两个主要条件，一是队员的自身条件，二是区分以前重复演练过的战术

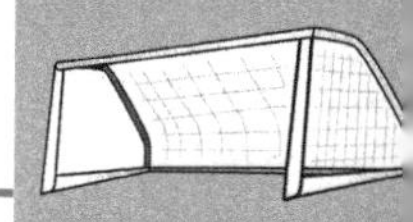

打法。对于短期集中训练的青少年球员来讲，在很大程度上必须考虑队员所具备的素质，对于俱乐部的梯队而言，第二种情况更重要。

### （三）要实现全员积极参与

在青少年足球战术训练中，教练员需要就训练的基本理念和操作原则与队员、队员家长、俱乐部成员、教练员组成员进行清晰的沟通。不管教练员是采用讨论还是解释的方式进行战术训练理念和原则的选择和说明，创立一种全员参与的民主氛围会为战术训练的实施创造良好的环境。形成共识将直接有利于目标的实现。例如，当一名青少年球员期望自己的技能得到全面提高而成为一名中场球员时，而教练员为了赢球的需要，把他训练成一名边锋，作为取胜战略的一部分。这样做很可能让球员感到压抑，动机丧失，也会对训练产生消极的影响。当教练员通过球员的积极参与，帮助球员制定目标而不是把目标强加于球员时，所制定的目标最富有成效。

### （四）要对训练进行系统管理

对整个训练过程进行系统管理涉及每一个训练阶段。一方面是对球员的战术能力发展进行全流程的规划和系统管理。对于优秀的青少年球员，俱乐部和梯队对所筛选出的球员需共同研究制订长期的发展计划，来保证这些球员的训练系统性。他们往往会被选拔参加更高级别的集训而暂时离开原有的球队。另一方面是在具体训练实施中，制订全队和球员战术训练的系统练习方法。很多教练员都有自己的训练安排习惯，但是总体上的系统性练习不外乎确定训练主题后先在训练中设计出比赛情况，制造出需要练习的目标情境，使全队对情境有感性的认识，再进行练习小组的指导和重复训练，采取小型比赛和对抗形式，进而提高练习的复杂性。例如，增加对抗性、让更多的球员参与、减少练习空间、提高练习速度或使用更复杂的技术动作。

在训练最后组织正式的全场比赛或尽可能接近比赛的练习。在竞争的情况下，使队员对训练有进一步认识。在 1~2 次训练课中，运动员没有必要从第一阶段到第四阶段一次性全部训练完成，因为这完全取决于训练课的重点、运动员的技术水平、可使用的练习时间。教练员要安排好练习的进展程度，太快或太慢都不好。在某些情况下，有些阶段的练习可以被省略，运动员可以直接进入比赛状态。另外，一节训练课中要有一个系统性的要求，高强度的身体素质练习应该被安排在技战术训练之后进行。新技术和战术的学习更要保证球员有充沛的体力和清醒的头脑。

### （五）要符合建立持续改进的战术训练系统的要求

当教练员对青少年球员进行战术训练时，必须树立循序渐进、持续改进的策略。首先要对运动员和球队进行研究，确定目标，再逐一解决。对于青少年球员而言，有些球员缺乏发展潜力，而有些球员的潜力可能并没有被发现。教练员要耐心对其进行战术训练，当引入新的战术、训练日程和训练方法时，很可能会改善球员的表现和球队的成绩，但也可能出现训练成效不明显的情况，这需要教练员对新战术学习训练中球员出现的问题进行分析，制订一个可持续的改进计划。因为，球员的战术理解能力和技术能力发展需要一个过程，同时他们接受新事物的速度和思维水平发展也有差异。

### （六）要采用基于事实的决策方法

基于事实的决策方法的主要策略是教练员要对比赛和训练

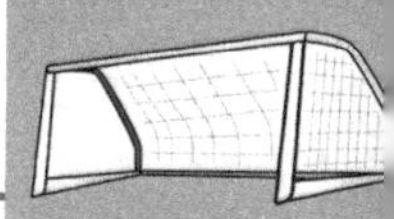

进行分析，并将筛选出的相关数据和事实提供给球员，便于球员理解。因为对战术的理解与执行能力是球员在比赛中不断解决问题中得到发展的。但对于事实的展示和公布需要教练员慎重决定，因为有时候所谓的“事实”并不是真相。例如，当统计数据显示，球队前锋在90分钟的比赛中没有很多射门机会，而实际上是球队受到了对手强大的压力，前锋很少接到队友的传球，他在比赛中的大部分时间都承担着防守的职责。因此，合理使用训练和比赛统计数据十分重要。但是统计数据不是万能的，它只能作为辅助手段，教练员还是需要运用自己的知识、直觉和经验，因为训练也是艺术。

## 二、战术训练过程的优化控制

战术训练过程是一系列训练活动的组合，这个组合接受各种与战术训练相关要素的投入，包括信息、资金、人员、方法、技术和训练文档等。最后通过训练过程产生所期望的结果，包括个人、团队战术能力的提升和战术风格体系的提升或某种决策结果。

实际上，教练员对训练质量进行系统的保证，主要是对训练过程的优化控制。也就是在从确定球队、球员和其他相关方面的需求和期望开始，就要建立球队的训练质量方针和质量目标，对实现质量目标所必需的过程和职责进行明确和规划。在此基础上就需要在达到质量目标所必需的资源上进行协调和保障。当然，质量能够达到目标要求，还需要教练员在训练设计阶段规定好测量每个训练过程和训练内容的有效性和效率的方法。当应用这些测量方法评估训练过程和训练内容的有效性和效率后，就要制订取消无效训练并消除其产生原因的措施。

对战术训练过程进行优化控制主要是保证训练过程要有实效性，要能克服环境对战术发展的消极影响，并使训练过程逐步成为球队和球员能够不断自我完善的学习系统。

对战术训练的目标体系而言，一般都有功能性的目标，如训练质量、投入、刚性、弹性与创新，但是很少看到教练员明确战术训练效率方面的目标，例如，某项战术或配合在比赛中成功应用的概率，以及某项战术内容的训练效率。因此，实现战术训练的有效性与高效率的统一很难有量化的评价。这需要球队在全周期记录训练和比赛的数据时进行对比分析，重新规划训练信息流程，这意味着多球队需要投入更多的精力。

### （一）教练员在战术训练过程优化中的作用

教练员通常需要从多方面入手进行训练过程的优化，例如，要为球员提供技术性的建议，并为其创造实现条件以获取某种资源，保证所修改或优化改进的部分是可以实施的。除了提供正式战术训练课堂上适时、简洁的指导以外，还要在训练、比赛现场或者战术理论学习课堂提供问题解答，包括向他们提供解决问题的工具与技术。在球员、教练组和支持系统中间建立与维持一种明确的沟通与交流关系，协助球员解决球员之间的矛盾与冲突，建立与维护团队合作精神，将目标过程视作一种确保预期战术训练效果的手段的一部分。

### （二）战术训练过程优化应遵循的原则

成功的教练员普遍认为对训练过程的优化控制要遵循以下原则：

（1）要从训练的目标而非训练的过程出发，定义训练工作和各个环节的职责和作用。这与训练目标的设计工作息息相关。

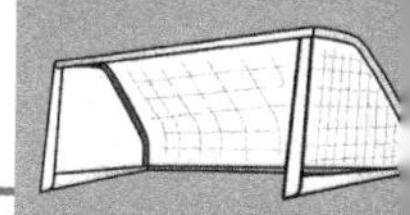

基本要求是目标，是可衡量的，因为只有达到预期的目标，过程才有意义。如果只考虑训练过程，最多只能简化现有的过程。

（2）剔除对球队个人和球队整体不增加价值的训练活动，使球队的战术体系能够对球队内部和外部变化反应速度加快。

（3）在训练过程当中设置训练质量检查机制。质量控制是训练过程的一部分，只有训练的成果符合质量标准，训练才算完成。

（4）对于任何训练活动，在训练过程中发现问题比在训练完成后的重新调整的成本要低得多，而且不易打乱整体训练计划。教练员要清楚高水平的战术能力是训练出来的，而不是评价出来的。教练员与球员之间的战术沟通、决策和问题的解决应在直接参与训练过程的层面进行。训练问题由球队的领导进行沟通和解决会导致时间浪费和成本增加。教练员应该与球员多沟通，才能对具体问题有更多的了解，尤其是在球员个人竞技能力发展存在问题时，教练员应该利用自己的经验为球员提出适当的建议，而不是替球员做出决定。

### （三）训练过程优化的关键

训练优化需要来自高层管理者身体力行的领导与承诺，同时要求建立球员发展和球队发展至上的目标。教练员要拥有一套综合方案，涵盖并反映战略、球员、过程与技术之间的相互关系。同时，教练员需要将训练视野延伸至热身赛、比赛对手与训练科研机构，与利益相关方建立起合作关系。教练员需要鼓励球员积极参与，需要球员运用他们各自的专长，并作出承诺，来共同形成注重训练执行结果的目的。

### （四）训练过程中的效果管理

训练效果是确认训练过程成功的关键因素，教练员需要制订出一套平衡的指标体系，如训练时间、质量、内容、比例、负荷强度、训练效率等，并追踪这些指标。同时，要和科研教练共同确定一种稳定、统一的分析和诊断比赛的量化方法，用于数据生成、指标定义和评价等。尤其是要在指标计算的复杂性与指标效用之间寻求一种平衡。教练员在训练过程中应注意沟通要适当、及时、便于理解。另外，还要对所设计的训练效果指标进行测试与检验。在训练实施之前要明确职责，完成训练和比赛的数据收集、数据汇总，以保证评价指标的一致性。最后，要保证教练员和球员对训练评价指标的一致性有信心。

## 三、建议

青少年的足球战术训练需要以比赛实战为主要载体，以发展高速、高压、高对抗下的技术能力为基础，重点发展攻守转换能力和节奏控制能力。积极性的控制打法和明智的防守理念需要在青少年训练中得以推广和贯彻。研究人员与教练员高水平的合作研究是提升训练创新水平的重要保证。要进一步加强对技术、战术和体能一体化训练的研究，深入研究训练模式的要素调控机理和负荷控制，始终坚定先进的训练内容是核心。

在制定青少年足球训练新的训练大纲时，要重视对每个年龄阶段的主要训练内容进行可操作性研究，细化训练要点，开发出更具体的训练指导手册。重点对各种小型比赛进行广泛的实证研究，并设计出相应的训练指导手册。青少年的足球战术训练应该系统设计和规划，加强对足球训练信息化管理系统的开发，重视虚拟战术设计与训练技术，积极开发并应用战术训练网络化学习平台。建立青少年足球教练员的知识和实践经验的网络化共享平台，建设并完善青少年足球训练的案例库，定期举行各种训练专

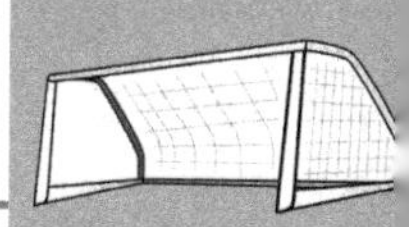

题的案例研讨。先进的训练理念是训练工作的灵魂，应该加强青少年足球训练教练员的培训，使其学习掌握先进的训练理念，尤其要重视训练设计原理与方法的学习与培训。青少年足球教练员需要加强决策理论与方法的学习，提高自己的决策水平与技能，以避免决策陷阱和误区。

# 第六章
# 足球战术训练中组合训练的理论

“组合”是运动训练实践中的形式。“组合”的本质是“关系”。对象的关系性必然导致思维的关系性——如何从偏重思考单一存在的“实体性”思维转向立足于“复合存在”的“关系性”思维，是提高训练成功的一个关键性环节。组合训练是一种理论，也是一种方法，不同的教练员从各自的视角给予了不同的诠释和运用。笔者从调查、问卷所获得的信息中发现，体育系统的足球教练员大多认为组合训练是一种方法，而教育系统的足球教练员更倾向于组合训练是一种手段。由此中发现，若要把高校足球组合训练上升为一种训练理论，则必须深层次地探讨训练理论、训练理念、训练方法与训练手段的差异及其相互关系。

## 一、训练理念、训练理论、训练方法与训练手段

### （一）训练理念

“理念”一词的英文为 idea，意为一种理想的、永恒的、精神性的普遍范型。柏拉图认为理念事实上是把人从个别事物中抽象而得到的普通概念加以绝对化，并把它说成是事物的原型。康德认为理念是一种超越经验的概念，即理性的理念。黑格尔称理念是一种客观的理性或精神。在中国哲学中，理念是关于事物的条

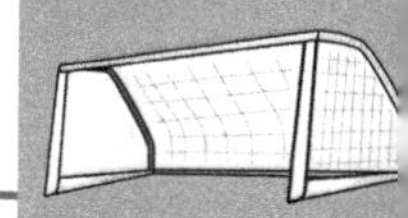

理准则的看法。我国学者温恒福把西方理念的本意与中国关于理念的解释综合起来，将理念定义为人们在经过长期的理性思考及实践基础上形成的关于事物本身及其价值实现途径的坚定不移的根本性的判断与看法。

具体来说，理念是诸理性认识及其成果的集大成者，它既包含了认识、思想、价值观、信念、意识、理论、理性、理智，又涵盖了上述思维产品的表现物，如目的、目标、宗旨、原则、规范、追求等，而后者使理念这一抽象的概念具有了直观的形象。

从广义上说，训练理念就是人们在理性思考和亲身体验基础上形成的关于竞技体育的本质、规律、价值和价值实现途径的坚定不移的根本判断与看法。训练理念是训练主体对运动训练及其过程进行思维的概念或观念的形成物，是理性认识；训练理念不是训练现实或训练实践，但源于训练实践的思考。因此，从理论上说，训练理念是理念持有者对训练实践的清醒判断与认识，是进行训练实践的指南，对训练实践具有总结、激励、指导、创新和代表的作用。

训练理念不同于一般的训练理论认识，它是教练员长期训练体会和经验的集中表现。疲劳与恢复的认识、技术与素质的关系等均属于训练理念范畴。训练理念与训练观念相比，训练观念是人们对训练事物的看法。其不同点有以下四个方面。

（1）训练理念比训练观念更强调理性思考和亲身体验。观念是大众的、流行的，人云亦云；但理念必须是自己的，即使是学习和接受别人的或大众的理念，也只有通过自己的理性思考和亲身体验后才能使之变成自己的理念。

（2）训练理念是坚定不移的判断与看法，而训练观念不一定具有这种坚定性。

（3）训练理念是一些根本性的判断与看法，而训练观念则不一定是根本性的看法。关于一般的浅层次小问题的看法可以叫作观念或观点，但不能称为理念。

（4）训练理念更加强调“应该怎样”或“怎样才能做得更好”。由号召“更新训练观念”到强调“确立新的训练理念”，是一种运动训练的进步。

彭伟在《欧洲足球发达国家男子青少年训练理念对我国男子青少年足球训练的启示》一文中认为训练原则、技术训练、身体训练、战术意识训练、总体训练最能反映足球训练理念。

欧洲足球界对先进足球理念的描述为：足球各竞技要素是密不可分的；在各竞技要素中，培养足球意识最重要；技术练习要寓于应用方式之中，身体训练要遵从比赛的专门要求，二者要与比赛的目标相连；训练必须将比赛的真实情景再现，在有攻守对抗的环境中进行；“小型比赛”的训练模式是综合性的训练手段，应是训练的主导方式。

### （二）训练理论

理论是由一系列概念、判断、推理所组成的对事物的本质及规律作出系列解释的知识体系。理论是对规律性的认识，是系统化的知识。理论不仅要知其然，还要知其所以然，知其所以然更接近理论的本质。因此，理论可以总结经验，以鉴后人；可以解释对客观存在事物存在的理由，指出其发展的方向；可以对正在发展的事物给予指导；可以预测未来，展望前景。

训练理论是研究运动训练活动的固有规律，以及相应的训练方法和原则的各相关学科的总称。训练理论具有多学科运用的广泛结合性、对新科学知识的敏感性、对训练实践的直接指导性等特点。在运动训练中，只有与运动训练活动本身所固有的规律相符合的理论和方法才能称为科学的理论和方法，才能指导运动实践。韦尼格尔把实践中隐含的理论区分为三个层次。

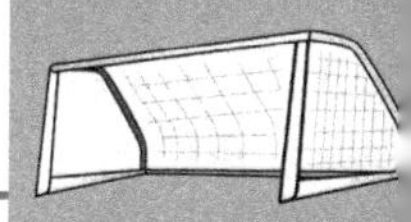

第一层次：运动员未必意识到的然而内化了的观念、见解以及规则所体现出来的要求。

第二层级：用语言表达出来的许多戒规、经验法则所体现的要求。

第三层级：明晰运动者所持的理论前提与基础，并得到验证的科学理论。

前面两种均为实践家的理论，第三种是理论家的理论。

中国足球的理论研究绝大部分是关于足球训练、比赛某一方面或某一层面的现象问题，研究结果表面化、枝节性，甚至具有误导性，导致足球界对足球运动认识的肤浅和错乱，对足球运动所蕴含的各种因素及其复杂关系始终没有厘清。中国足球的落后，首当其冲的是中国足球理论研究的落后。足球的技战术训练值得重视，但如何有效训练，足球理论界却没有给出明确、清楚的阐述。当中国足球单调的、枯燥的、脱离比赛实际的分解训练方式随着球员的成长，进入更高阶段的训练后继续延续以前落后的训练，同时教练员训练理论和方法的缺失，使得高水平足球队训练与比赛严重脱节，而且花费了大量的时间和精力，却得不到好的训练效果，长期艰苦的训练成为一种无效的劳动。

事实上，科学理论的形成需要我们认识事物的本质和规律，排除假象，找出主要矛盾和事物内部的本质联系，才有可能理性地对运动着的事物作出科学描述。足球训练就是要厘清足球竞技能力的四大要素——技术、身体、战术和心理之间的主次和联系、确认竞技要素中最基础、最重要的因素——足球意识的培养等问题。

在训练理论体系研究中，人们通常从横向和纵向两个维度去描述运动训练学理论体系。从横向来看，运动训练学的理论体系主要包括运动训练的原则、运动训练的内容、运动训练的方法、运动训练的安排、运动训练的负荷五个方面。从纵向来看，可以解释为包含一般训练学、项群训练学和专项训练学三个层次。

### （三）训练方法

运动训练方法是指在运动训练活动中，提高运动员的竞技水平、完成训练任务的途径和办法。运动训练方法的理论是对运动训练过程中各种训练方式和办法的概括，是对各种具体训练方法的集中表述。

#### 1. 运动训练方法的作用

（1）训练方法是教练员完成训练任务、提高运动员竞技能力的应用工具。

（2）有助于运动员顺利地完成运动训练过程不同时期的训练任务。

（3）有助于教练员有效地控制各种竞技能力的发展进程。

（4）有助于教练员科学地提高不同项目运动员的整体竞技能力。

#### 2. 运动训练方法的基本结构

（1）构成运动训练方法的因素包括以下五种方式。

①练习的动作及组合方式：运动员为完成具体训练任务而进行的身体练习及各练习之间的固定或变异组合方式。

②运动负荷及变化方式：身体练习时对机体施加的刺激及在强度、量度、负荷性质方面的变化形式。

③训练过程安排及变化方式：训练过程中的时间、人员的组织、器材的分布、内容的选择、练习的步骤等因素的安排及变化形式。

④信息媒体及传递方式：教练员指导训练时所采用的信息传递方式。

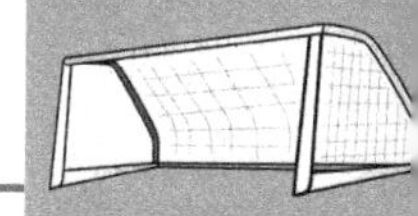

⑤外部条件及变化方式：训练氛围、训练场地、训练设备、训练器材、训练工具等因素的影响及变化方式。

（2）运动训练方法的基本分类对任何事物进行类别划分与体系建立，首先要确定分类标准，根据不同分类标准可建立若干不同的分类体系。

①按发展竞技能力可分为体能训练法、技能训练法、战术能力训练法。

②按训练内容的组合特点可分为循环训练法、分解训练法、变换训练法、完整训练法。

③按训练负荷时氧代谢的特点可分为无氧训练法、有氧训练法、有氧和无氧混合训练法。

④按训练时不同的外部条件可分为语言训练法、示范训练法、助力训练法、加难训练法。

⑤按不同训练方法的基本作用和适应范围可分为整体控制训练方法和具体操作方法。

### （四）训练手段

运动训练手段是指在运动训练过程中，为提高某一竞技运动能力、完成某一训练任务所采用的具体练习。在运动训练活动中，教练员和运动员通过采用具体的训练手段去完成具体的训练任务，提高某一竞技能力水平。

#### 1. 运动训练手段的作用

（1）通过采用具体的训练手段完成具体的训练任务，提高竞技能力。

（2）根据不同训练手段的功效和特点，科学地完成运动训练过程不同时期的具体训练任务。

（3）有助于提高不同运动项目运动员的各类竞技能力。

### 2. 运动训练手段的分类

（1）按练习目的可分为发展体能训练手段、改进技术的训练手段、提高战术能力的训练手段、改善心理状态的训练手段。

（2）按训练手段的效果对专项能力的影响可分为一般训练手段和专项训练手段。

（3）按训练活动中的应用价值可分为基本训练手段和辅助训练手段。

（4）按练习手段的动作结构特点可分为周期性练习和混合性练习的单一结构训练手段与多元结构训练手段。

运动训练手段是具体的、有目的的身体活动方式，是运动训练方法的具体体现，不同的训练方法具有不同的功效。运动训练方法与运动训练手段有着密切联系，都是用于完成训练任务。按照各种训练方法的目的和要求，可以设计出多种不同的训练手段，两者又有着不同的特点。首先，运动训练方法是完成训练任务的途径和办法，是由人们提炼出来的比较概念化的认识，如重复训练法、间歇训练法等；而运动训练手段是具体的、有目的的身体活动方式，是运动训练方法的具体体现。其次，运用同等训练方法去发展某一种竞技能力时，可采用不同的训练手段。最后，对训练方法的表述通常是定性的，而对运动训练手段的表述则通常有明确的数量规定。简单来说，同一种方法可以用不同的手段；方法是概念化的，手段是具体的；方法是定性的，手段是定量的。训练方法中所采用的工具手段统称为训练手段。徐本力曾总结出了七大类训练手段，其认为训练手段是组成各种不同训练法的基本单位和内容。

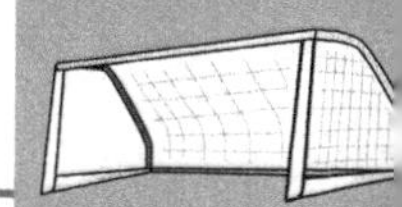

## 二、组合训练理论的内涵及外延

### （一）组合训练理论的内涵

组合训练理论，其概念属性是“理论”，其概念种差是“组合训练”。理论是由一系列概念、判断、推理所组成的对事物的本质及规律作出系列解释的知识体系。对加了定语“组合训练”修饰的新概念可理解为：组合训练理论是由一系列概念、判断、推理所组成的对组合训练的本质及规律作出系列解释的系统的运动训练理论体系。

运动训练实践的需要就是运动训练理论研究的重要课题。在运动实践中，教练员遇到的主要问题是：练什么、练多少、怎么练。与之相对应的运动理论范畴分别是：研究训练内容即对应练什么，研究训练负荷即对应练多少，研究训练负荷、训练方法、训练安排即对应怎么练。同时，人们研究相应的基本的行为准则，即对应运动训练原则，为训练活动作出原则性的规范。因此，运动训练学研究的主要内容包括运动训练原则、运动训练内容、运动训练负荷、运动训练方法、运动训练安排五个板块。

基于上述论述，组合训练理论也是以上述观点为基础构建出组合训练理论的外延。也就是说，本书研究的组合训练理论，主要包括组合训练原则、组合训练内容、组合训练负荷、组合训练方法、组合训练安排五个板块。在任何一个层次上，都可以展开关于这五个板块的研究。例如，在体能训练上，可以依据上述五个板块，建立起体能组合训练原则、体能组合训练内容、体能组合训练负荷、体能组合训练方法、体能组合训练安排的研究。同样，在技术训练、战术训练、综合训练上，也可以建立起相应的五个组合训练板块。这五个板块既相对独立又相互关联、相互作用，在训练过程中受其他环节、因素、过程的作用，保持整个组合训练系统协调运转，从而最终提高训练效果，达到训练目标。

把影响运动成绩的多个因素纳入训练课中，一节课同时训练多个机体系统，这样对单个系统的刺激不如单一训练的强度大，但多个刺激系统的总和比单一训练的刺激总和，持续训练时间较长，总体负荷较大，内容变化灵活，运动员不易产生疲劳，训练积极性更高。同时，训练方式及内容的不同变化，又有助于防止运动员的神经和肌肉在训练时产生过强的疲劳感，避免局部负荷过大与损伤，从而获得事半功倍的效果。

### （二）组合训练理论的外延

所谓外延，就是具有概念所反映的本质属性的对象，即概念的种差所指。

组合训练理论是针对高水平足球运动员的自身状态，即体能、技术、战术、心理、比赛、赛场经验等提出的。

组合训练理论实质上是根据训练目标，依据高水平足球队现状及运动训练理论，为训练活动提出原则性的规范；在不同训练层次中，根据训练目标，组合各种内容和形式；不同的组合训练内容选择不同的训练方法，每个层次的组合训练均设置最合理的运动负荷。

组合训练内容可以是足球训练的四大训练要素，即体能训练、技术训练、战术训练、心理训练中同一训练内容的多元组合，也可以是不同训练要素中的交叉多元组合，同时，也可以是多种要素的综合组合训练。组合训练内容是多元、多形式、多项的。

高水平足球队的组合训练，最终是模拟实战，有效提高运动员实战能力的系统训练理论。

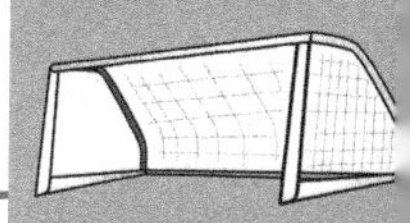

与组合训练方法相比，组合训练是一种系统的训练理论，而组合训练方法是一种训练方法，包含在组合训练理论中，是包含与被包含的关系。所有的训练方法均建立在一定的理论基础上，即不同的组合训练方法是依据一种什么样的（不同的训练理论）运动训练理论提出的，它是在运动训练理论下建构的运动训练方法。组合训练方法是指在一个或若干个训练单元中，依运动员的训练阶段、竞技水平、项目要求及个人特点等因素的差异，科学地运用训练学原理，合理地选择和安排不同性质和比例的训练内容，以求获取最佳整体效应的训练方法。因此，组合训练方法不同于单一力量训练、耐力训练等，它并非将各种单一训练内容或方法简单地相加，而是以一定的间歇和交叉组合的方式，项中有项，并把多种训练方法的优点和功能集中在一起安排训练。

# 第七章
# 组合训练在高校足球训练指导中的实施

笔者在采集资料、收集信息、征询意见的过程中发现，时至今日，运动训练领域正处在一个理性主义退潮和实用主义上升的躁动期，专业足球教练希冀有一剂“神丹妙药”能改变中国足球运动水平每况愈下的窘状；高校足球专业的理论研究者笃信运动训练学的经典教义，认为组合训练不足以构成一种理论，理由是它没有独立的应用体系。

针对这一普遍认知状态，为了不使本书内容流于肤浅，更为了回应某些被访者的质疑，本章就组合训练的实施作进一步阐释。众所周知，运动训练的根本任务是改善和提高运动员的竞技能力。从高校足球训练的经验来看，提高高校高水平足球队员的体能、技能、战术能力和综合素养，能最大限度地获取训练效果。但是，如何将组合训练宗旨融于其中？将从以下几方面进行阐述。

## 一、组合训练理论在高校足球体能训练指导中的实施

### （一）高校足球组合体能训练的原则

#### 1. 体能训练的组织应尽可能地遵循结合球训练的原则

足球对任何球员来说都是最基本的工具，高校中的足球队员的“球龄”和“球感”都逊于职业球员，将足球融入体能训练，

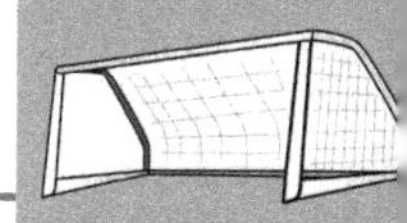

很有必要。在进行训练课组织时，根据不同的训练目的，教练员应该在综合体能训练（结合球）和单纯体能训练（无球）之间找到平衡。

#### 2. 训练量与训练强度统一原则

传统的训练理论在处理训练量和训练强度这两个最基本的负荷因素时把量和强度对立起来，而现代足球运动员体能训练应达到量和强度的同步提高，强度是比赛负荷的核心问题。比赛实践要求运动员既能承受长时间大运动量的刺激，又要承受长时间大强度的刺激，二者缺一不可。

#### 3. 力量训练是基础和保证原则

力量素质是球类运动员专项对抗能力、专项速度、专项技术掌握与完善的基础和保证。足球竞赛中的进攻与防守的身体接触、抢位、加速与拼抢，以及防守与进攻的有效性无不取决于力量素质。国外足球力量训练的重点强调速度力量训练，尤其是在力量训练中突出“快速”的特点。在力量训练的一些生理原理介绍中也特别提出神经系统和肌肉的协调性问题。当肌肉收缩速度较快时，不但可以快速完成动作，而且可以产生更大的力量。

### （二）高校足球组合体能训练的内容、方法、要求及安排

足球是一项高强度、间歇性运动，因此，有氧/无氧耐力和爆发性的速度都非常重要，现在的比赛时长比以前更长：比赛平均时间为93~98分钟；每场实际比赛净时间从1990年的50~55分钟增加到了现在的60分钟以上。一场比赛中球员的跑动距离为10~13千米；中后卫的跑动距离为：8~10千米；边后卫/边前卫的跑动距离为：9~12千米；中前卫的跑动距离为：11~13千米；前锋的跑动距离为：9~10千米，15~30次跳跃，30~50次对抗，

15~30 秒的高强度运动间歇时间，30~70 次左右脚触球（根据球员场上位置）。这些数据表明：球员的耐力、速度、力量三要素是构成其运动表现所有要素的基石，因此，在体能训练课中应根据足球比赛球员耗能的规律对训练内容进行组合优化。

## 二、组合训练理论在高校足球技术训练指导中的实施

### 1. 由易到难和重复训练的原则

专家们认为在足球比赛中关于技术的使用有两种截然不同但又相互关联的状态：简练与复杂。因此，在技术教学训练中，一般先由单个技术练习逐步过渡到技术组合练习。考虑到高校足球队员的认知能力强和思维丰富的特点，技术练习中要强调技术运用想象联系，重复技术练习强调熟能生巧，要遵循由易到难，由慢到快，由单独一人到与多人配合，由教学练习到模拟实战场景的训练原则。

### 2. 强化“运动中”和“压力下”合理运用技术能力的原则

运动训练的基本原则是依据运动训练活动的基本规律提炼出来的解决矛盾指导运动训练实践的基本思想与要求。足球运动规律表明，球员运用技术的行为动作都是在“运动中”和“压力下”的环境中完成的。

### 3. 结合实战场景强化训练原则

技术必须在足球比赛的实践中才能提高，单纯的、无对抗的、脱离足球比赛局面的重复性技术练习是达不到足球训练目标的，

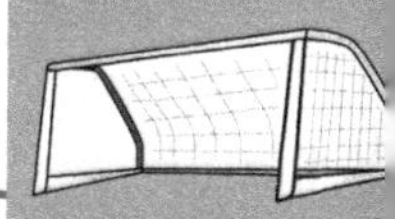

这样的练习再多，运动员在比赛中还是会产生生疏感。原地、无对抗变化的简单传接球技术练习形式，只适合初学者学习掌握技术阶段或热身活动中运用，而不能作为训练提高阶段与结合实战阶段的主要训练方式。

通过训练方法设置难题，逐步发展球员传接球前的观察与选择传球目标的意识与能力，使球员在活动、快速、对抗及接近实战的情况下，提高各种传接球技术运用的水平，从而能够在比赛中及时、准确地为同伴传出高质量的射门得分好球。

## 三、组合训练理论在高校足球战术训练指导中的实施

### 1. 确立核心战术的原则

现代足球发展趋势表明，在足球比赛中，大多数球队的攻防体系均采用区域型打法，而区域型打法最终还是1对1的场景。因此，娴熟的1对1战术能力是实施战术打法的基础，也是球队制胜的前提。不管球队进攻和防守策略多么和谐，如果球员不具备坚实的个人战术能力，球队注定失败。因此在训练中必须通过不同的训练方式向球员灌输“赢得球权”和“保护球权”的意识。

### 2. 模拟实战场景强化战术意识训练原则

足球战术意识的锻炼和提高，必须在有攻守对抗的比赛环境下，运用“小型比赛”等训练模式才能进行。而高校足球训练所采用有攻守对抗形式的训练方法太少。据资料统计显示，欧洲许多国家的足球队使用这种训练形式占总体训练比例的80%左右，而我国足球队使用这种训练形式仅占20%左右。这说明我国在培

养青少年战术意识的环境和条件上严重不足，战术意识也就难以得到提高，其直接后果是运动员在比赛中所表现出来的战术意识越来越差。因此，根据高校足球运动员的理解能力、执行能力较强的特点，在重视技术和身体训练的同时，更要强化战术意识训练这种最为重要的基本功。

## 四、组合训练理论在高校足球综合训练指导中的实施

### 1. 一切从实战出发，以满足竞技性比赛要求为首要原则

加强训练的对抗练习不仅要有数量要求，更要有质量保证；强调训练过程中的快速和强对抗性，力争达到以对抗带技术、以技术促对抗，重点完善和提高球员大强度对抗下的控球摆脱和突破能力，强化团队统一作战能力。进一步提高训练课的运动强度，尤其在对抗性、拼抢性、反复冲刺、多次快速的接应和穿插跑动满足实战要求的技战术运用方面有所突破。只有这样的训练才具有实效性，才能够在最接近比赛的环境下提高球员和团队的竞技表现能力。

### 2. “小型比赛”训练模拟比赛场景原则

进行足球训练应使运动员的技术、身体、战术意识都得以提高，这三个方面是有机联系和不可分割的，必须进行综合的训练。绝不可以用简单的、孤立的、分割的方法对运动员的这三种竞技能力进行单独训练。面对这种综合训练的最好形式就是“小型比赛”的训练模式，它既符合实战要求，又有利于提高运动员的竞技能力，是达到足球训练目的的有效模式。

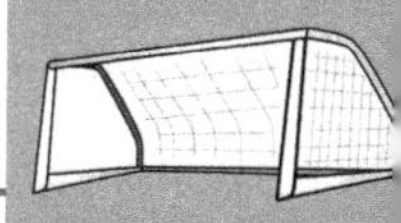

### 3. 个人和整体训练融为一体的原则

足球虽然是一项团队运动，但是每名球员也是各自独立的个体，可独立完成运球、冲刺、跳跃、抢断和射门等运动行为。这就是为什么个人训练具有非常重要的意义。同时，对于优秀团队的球员而言，其个人技能和能力必须融入整体技战术打法，尽管这是一项艰难的均衡性工作，但它确实是有效训练的重要目的之一。高校足球队员训练周期短、个体竞技能力参差不齐的特点决定了提高每个球员的体能、技术和战术及默契配合能力，使球员能够将这些个人技能快速融入全队的整体技战术之中为主要的训练原则。

### 4. 提高球员洞察力和决策力的原则

足球是一项多任务的体育运动，在足球比赛中的每一次任务均是由球员个体及多个个体的某些行为动作相互配合来完成的，在比赛中适时的传球、合理的跑位、娴熟的配合及准确的射门都是体现球员洞察力和决策力的真实写照，因此球员在持球前和传球后如何自我决策行动是决定任务完成质量好坏的根本。

长期以来，在一元论居主导地位的我国高校足球界，人们不是囚禁于专业性越来越强，甚至一天比一天狭窄的训练方式，就是沉溺于种种非理性的专业足球训练信仰。多年高校足球训练的收效告诉我们，那些被传统思维视为训练金科玉律的理论并没有那么神圣，因为迄今为止对其顶礼膜拜的球队少有斩获。

笔者对高校足球组合训练的各项内容、方法、要求重新整合，试图从多元主义角度重构高校足球训练范式，它们既是对组合训练理论的拓展，又是对组合训练实践的尝试性探索。

# 第八章
# 青少年足球战略性训练理念分析

## 一、战略性训练理念的内涵与意义

青少年足球的战略性训练理念是指人们对青少年足球运动的规律把握及长远发展所持的宏观性、指导性、方向性和持续性的看法与判断。

战略性训练理念的合理与否，正确与否，先进与否，决定着一个国家或民族在这一项目上的发展方向、发展模式、发展水平。实践证明，欧洲足球整体水平之所以较高，很重要的一个原因就是先进的青少年足球战略性训练理念。国外学者把足球的战略性训练理念的基石归因于教育，认为足球训练是教育体系的一部分。足球运动如果包括在学校的体育计划中，那就应该是总体教育的一部分，作为体育项目应不断满足人的基本学习要求。马斯洛认为，学习需求是人的基本需要之一，人在一生中需要不断地充实和完善知识结构、人格及修养。通过参加足球训练，青少年可以得到全面的发展，包括人际交往的策略，面对失败挫折的态度，正确的竞争观念等，这些都会对运动员今后的学习生活产生重要的影响。

足球是广大人民群众喜闻乐见的体育项目，有很强的娱乐功能和教育功能。足球运动在欧洲有着广泛的群众基础，而最终能登上职业舞台的人很少，众多的参与者不是一开始就有着成为职

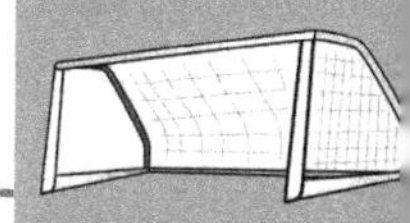

业运动员的目标，而是去感受运动带来的快乐，更多的家长也希望子女通过参加运动去扩大交际的范围，培养和完善孩子的人格。

足球运动有着其他项目不可比拟的教育功能。参与者在训练、比赛、生活中要与其他队员、对手及教练员发生各种形式的交流，这样就形成了一个社交群体，在群体的相互影响下产生相近的价值观。通过群体之间复杂关系的处理，形成了个人的社交策略。同时，足球比赛是通过克服对抗情况去争取比赛优胜的，激烈的对抗可以培养青少年运动员正确的竞争意识和拼搏精神。战略观念主导战略决策，战略决策决定战略结果。青少年足球战略性训练理念的正确与否、先进与否决定着实践层面青少年足球的发展方向、发展规模、发展质量，并最终决定着足球整体竞技水平的高低。

## 二、国外青少年足球战略性训练理念分析

纵观国外先进的国家青少年足球战略性训练理念，他们根据青少年不同年龄阶段的身心特点和足球未来发展趋势来设定青少年足球发展目标；重视教练员的培训，青少年足球教练员的执教水平是青少年足球水平提高的重要保证；注重青少年足球训练长期发展规划的制定与实施，这是青少年足球长期、稳定、科学发展的基础。

### （一）培养目标

#### 1. 理念内涵

世界上足球发展水平较高的国家认为青少年足球人才的培养应着眼于球员个人能力的全面发展，强调人才的发现和培养，而

不是强调球队的成功与获胜；应对青少年进行长期系统的培养，尽可能广泛地为职业足球运动员培养青少年人才。突出的特点体现为以下几个方面。

（1）让青少年在足球训练中享受足球运动带来的快乐。青少年球员在训练中能否经历并享受“踢球”的乐趣对他们的成长以及是否成功至关重要。青少年进行训练时，从一开始就应该让他们学会将足球运动视为一种快乐游戏，去体验和享受，只有这样，他们才能认识到足球运动的魅力，也会为他们爱上足球运动打下基础。所以青少年足球的训练重点应是小场地比赛中的各种可能在比赛中出现的情景，过去的“街头足球”需要在今天的俱乐部训练中赋予新的意义。同时让球员在没有任何外力强迫的情况下踢球（只有通过这种方式，踢足球才会成为他们的快乐体验）；青少年足球不应成为成人足球的翻版（要按照青少年的身心特点、发展规律进行针对性训练）；在青少年足球训练过程中，教练员不应过多地告诉他们该做什么，也不应强加苛刻的规则和约束的空间。

（2）按照未来足球发展对球员的要求指导青少年的训练。在青少年足球训练理念中，青少年儿童训练的基本原则就是按照他们的兴趣和需要组织训练。所以对任何一个参加青少年足球训练的人，首要任务便是用人数较少的小场地比赛形式提供简单的、有吸引力的体验来激发他们对足球运动的主动和喜爱，在整个青少年训练期应始终贯彻一项指导原则——游戏足球。对任何有天赋的青少年实施训练的最终目标是要培养水平尽可能高的成人球员。足球运动是不断发展的，这就意味着对顶级球员的要求不仅在提高而且也在变化。通过鼓励和提升表现好的优秀球员来训练未来的顶级球员，必须考虑不断变化、不断进步的各种趋向。

（3）按照青少年的年龄特点进行针对性训练。青少年训练的

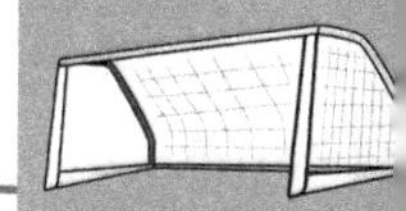

目标是教会他们踢现代的、有吸引力的成功足球。这就对运动员的技术、战术、体能、心态提出了复杂的要求。对于青少年的训练来说，可以将与成人足球相关的要求分为小的短期目标，这样能提高训练效率，在长期的训练过程中就会逐渐接近更高目标。在实践过程中，这意味着要把训练过程划分成明确的阶段——相对独立的年龄阶段。丢掉短期目标中的任何一个，都会为以后的训练留下难以填平的缺陷。同时，也不能忽视青少年的个人特长，要想确保球员们从初学者到顶级球员生涯的表现越来越好，足球训练的各个阶段都要与各发展阶段的具体情况相适应。在各个年龄组，个人的发展水平会影响训练目标、内容、方法和要求。

（4）训练指导与青少年的发展需要保持同步。如今的青少年与他们家长的生长环境不同，他们对于积极运动和在俱乐部环境中踢球的态度也发生了改变。那种固定不变的青少年训练，延续着“我们一直在这样做，这就是事物的存在形式”的训练模式注定迟早要失败。怎样才能让足球运动引起青少年的兴趣，如何提供一种更适宜、更先进、更具有吸引力并适合相关年龄球员的足球训练？怎样才能使日常的训练安排对青少年更有吸引力？怎样才能说服青少年在俱乐部踢足球而不是参与其他可以接触到的体育运动和娱乐活动？除了踢足球，青少年还需要什么？俱乐部在这里还能提供什么？这些问题应该是俱乐部和教练员必须思考和解决的问题。

**2. 理念的实践特征**

（1）严格选材。在法国，国家足球学校每年都要从 12~13 岁的足球后备人才中选拔最为优秀的球员进入法国国立足球学校进行培训。例如，2003 年，共有近 800 名 12~13 岁的小选手被送到巴黎西南 50 公里处的小镇克拉枫丹纳参加也许是世界上最难的足球选拔活动。经过为期3个月的严格测试，最终只有24人取得了法国国立足球学校培训资格。这项始于1988年的选拔工作使小镇克拉枫丹纳从此出名，这里培养了亨利、加拉斯、阿内尔卡、克里斯坦瓦尔和罗腾等众多球星。

（2）注重全面培养。荷兰国家足球队也非常注重培养足球后备力量。荷兰人的足球训练方式就是按不同的级别对球员进行足球技战术、身体素质和心理素质的培训。他们的最终目标只有一个：成为职业足球运动员。俱乐部不仅要培养一名运动员，而且要使其成为一名真正的运动员。独立思考和处理问题是荷兰足球训练理念培养新生力量的中心目标。小队员必须对足球有一定的了解，才能对训练和比赛的每一个环节进行思考和反思。荷兰人认为培养足球天才比球队获得短期的成功更重要。因此球队的训练目标更强调个性、全面的培养。

（3）措施到位。日本足球协会“从娃娃抓起”的青少年培养计划经过多年的实践已取得了不小的成绩，2000年、2001年、2002年，日本获得了所有世界大赛的参赛资格，如世界杯、悉尼奥运会、各年龄段世青赛等。这要归功于“训练中心制度”的实施。在这种“三位一体”（即日本足球协会以“世界足球强国”的水平作为目标，国家队、青少年培育、指导者培养三项事业按同样的考虑方法和轨道注入新的足球理念、规律、知识、情报和信息，三者缺一不可）政策中，青少年培养的中心任务是通过“训练中心制度”的实施而完成的。该制度在日本已实施了近30年之久，是日本培养和发现优秀足球人才的主要途径。

（4）足球协会重视。英格兰足球协会非常重视后备人才的培养工作，更愿意为优秀的青少年球员创造每一个能够发挥他们潜质的机会。如今，“品质特许计划”已经成为英格兰足球协会的核心任务。该计划旨在保证青少年球员能够得到最好的教育和训练

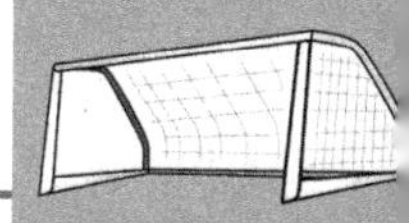

指导，它要求所有英格兰足球超级联赛俱乐部必须有足球学校，所有参加足球联赛的俱乐部（有足球学校的除外）都必须设有足球英才中心。

（5）管理到位。德国足球协会从 1998 年起开始实施培养 13~17 岁足球天才的计划，这一计划的实施对象逐渐扩展到 11~12 岁的选手。到 2002 年 7 月，德国的足球训练基地从 122 个增加到 440 个，青少年选手除了参加各自协会安排的训练外，还可以到这些训练基地训练。

（6）条件保障。技术、战术和创新能力是训练的重点。德国足球协会每年要向地方足球协会提供 1400 万欧元的资金支持，各地方足球协会将用这笔资金聘请 1~2 名基地教练员（全国共计约 880 名教练员）。每个训练基地一般可供 20~30 名青少年选手每周训练一次，每年训练 30~40 周，并有计划将每周一次的训练增加到每周两次。

### （二）教练员培训

#### 1. 理念内涵

教练员是培养、挖掘、训练青少年并使其成才的关键，没有优秀的教练员，再有潜质的球员也难以成为顶尖的球星。教练员的能力与执教水平直接关系到培养青少年球员的质量，不能把具有良好潜质的青少年球员培养成现代足球比赛要求的优秀球员，就不会拥有具有强大竞技实力的球队。因此，培养优秀的教练员已成为当今足球运动训练中的第一要务。

#### 2. 理念的实践特征

（1）作为战略措施。足球教练员的岗位培训制度作为现代职业足球运动整体发展的一部分早已引起国际足球界的高度重视。

它的创立和实施始于20世纪50年代，在阿根廷和德国先后成立了足球教练员培训机构，随后欧洲和南美洲一些足球强国也开始制定和实施各自的教练员培训计划。20世纪90年代后，教练员培训的意义与作用在实践中的作用更加鲜明，促使世界各国更加重视这项工作，并把教练员培训作为本国足球运动发展的一项重要战略措施。

（2）培训系统。意大利足球协会专门在佛罗伦萨建立了一所学制为一年的青少年足球教练员培训学校；日本足球协会在20世纪90年代通过强化教练员培训使青少年球员的足球水平有了很大的提高。

（3）制度完善。德国足球教练员培训制度建立于1949年。现在德国16个联邦州中，每个州有10~15名培训讲师负责教练员和青少年教练员的培训，每个区每年举办5期B级教练员培训班；全德国每年举办6期A级教练员培训班，2期职业级教练员培训班。具有了相应级别证书的教练员每年还要定期参加德国足球协会举办的教练员培训，并且每三年考核一次。德国足球协会联邦议会在2000年1月28日授权足球协会理事会修改各级教练员制度并将其作为德国足球协会新型培训制度的一个重要组成部分。德国足球协会认为，对教练员进行培训和再培训将有助于推广最新的训练理论，加强后备人才培养工作。新制度的主要特点是将教练员培训制度分成C、B、A和足球指导四级，并发放相应的执教许可证。从2003年起，全德统一的C级许可证培训取代了原有的B级许可证培训。新的改革措施不仅与德国体育联合会推行的四级培训制度一致，而且为教练员提供了选择工作侧重点的机会，即教练员可以在执教青少年和执教成年人之间做出选择。

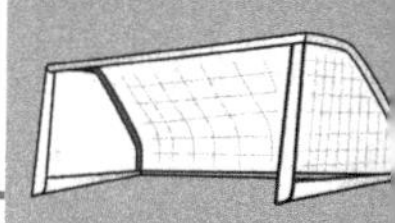

## （三）青少年球员培养规划及实施

### 1. 理念内涵

世界足球先进国家为关注每一名有天分的选手并把他们培养成才制定了详细、系统的青少年足球人才培养体系，其核心任务是将众多有运动天赋的小选手融入体育俱乐部和体育协会组织结构中，建立一套行之有效的后备人才训练和比赛体系，为培养后备人才创造必要条件。

其具体目标有：定期选拔、淘汰各地青少年足球运动员选手；建立遍布全国的，促进男、女足球后备人才发展的机制；把对小选手个人能力的培养作为对俱乐部训练的补充；用统一的、贴合时代精神的方法促进运动员成长；培训、造就技战术精湛的球员；培训俱乐部的青少年教练；调动各方力量培养后备人才的积极性；提高所有优秀青少年选手的积极性，帮助他们成长；及时向各足球俱乐部介绍比赛和训练的新趋势。

### 2. 理念的实践特征

国外足球发达国家足球协会非常重视后备力量的培养。以德国足球协会的培养计划为例，其主要包括四部分：为教练员服务、成为足球服务中心、与学校合作、成立青少年国家选拔队和建立天才培训中心。

（1）为教练员服务。天才促进计划的成功与否主要取决于俱乐部基层教练员的知识和能力。德国足球协会向教练员们提供有关日常训练和俱乐部工作等方面的服务，给予他们与实践相结合的帮助，提升基层教练员的工作质量。德国足球的未来基于德国两万多个俱乐部的努力。大多数青少年教练利用业余时间在俱乐部义务工作，为青少年球员提供学习足球运动的机会。这种与俱乐部足球的第一次接触会影响他们一生对足球的态度。第一次与足球运动的接触决定了训练和比赛是否能够引起他们对足球的兴趣，青少年选手是否愿意独自练习以充分发挥个人潜能。鉴于足球启蒙老师非同寻常的作用，德国足球协会特别开辟了训练在线网站。沃勒尔、斯基贝和其他德国足球协会的教练员通过这一网站为基层教练出谋划策。网站中的所有训练计划都针对不同年龄组进行分类整理，教学方法新颖，可以直接运用在俱乐部训练中。训练在线网站的服务对象主要是教练员，特别是那些缺乏基础知识，刚刚担任教练工作的新手，主要目的是将一套统一、规范的足球理念引入基层。

（2）成为足球服务中心。德国足球协会除了以训练在线网站的形式为教练员提供短期服务外，其新的训练基地结构也为教练员提供了其他形式的中期服务，以提高青少年足球训练水平。德国足球协会的训练基地与德国联邦州协会密切合作，成为其所在地区足球信息与服务的中心，为提高俱乐部的训练质量提供方便。每个训练基地负责约 70 个俱乐部，定期培训青少年足球教练员，教授他们足球训练基础知识。培训的目的是帮助教练员解决训练和比赛中的实际问题。有经验的足球专家会定期向青少年教练员提供咨询。所有这些服务都是为基层教练员提供信息，以激发他们的工作热情。

（3）与学校合作。除了训练还要进行文化课学习，这是每名运动员必须面对的问题。学校、俱乐部和协会的合作模式将协调学校文化课学习与体育运动训练、比赛的关系。加强俱乐部、协会和学校的合作在培训青少年后备力量方面，德国足球协会大力推动这种协作。自 1996/1997 赛季开始，德国足球协会为德国东北足球协会的体育重点学校提供支持，那里有 14 所体育重点学校，培训了约 650 名足球运动员。体育重点学校有一套专门的选拔标准，竞技能力、技术和运动技巧是选拔时考虑的主要因素。

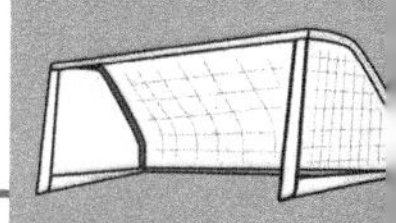

此外，德国足球协会还为这些学校制定了训练和比赛的指导思想供学校选用。体育重点学校为德国培养了大批优秀的足球运动员，如巴拉克、扬克尔、耶里梅斯、林克、施耐德等足球明星都曾在体育重点学校就读。德国东北足球协会的 14 所体育重点学校被视为竞技体育训练中心，类似于职业俱乐部的竞技中心。在职业俱乐部竞技中心的建设过程中，加强与学校的合作是关键。德国足球协会遵循文化体育部长会议确定了以下原则。

①对于足球而言，不可放弃学校、俱乐部和协会的合作模式。

②学龄前教育和学校教育应该保证儿童和青少年有足够的时间进行适当且丰富多彩的体育运动。这样做是为了增加运动时间，培养终生进行体育运动的习惯。学校、协会和俱乐部的所有运动员促进计划必须建立在这一基础之上。

③体育课是学校体育的核心，足球运动应该在体育课中占有适当的地位。与其他团体项目一样，足球运动可以培养运动员公平、宽容和团队精神。当然，这一目标只有在竞技足球运动中为青少年选手树立榜样的前提下才能够确实得以实现。

（4）成立青少年国家选拔队。训练的目的是培养这些具有顶尖球星潜质的青少年运动员。以前德国足球协会的教练员指导国家队青少年选手的时间不多，因而训练效果也不理想。如今，延长运动员在训练营地集训的时间以取得更好的训练效果，已经成为德国后备力量培训的一大目标。除了训练，运动员还要参加文化课学习，以免耽误理论学习。“关注每一名有天分的选手，把他们培养成才”是德国足球协会的口号。自 1998 年开始，德国足球协会定期观察地区青少年联赛，挖掘有潜力的运动员。即使是大器晚成者也有机会进入德国足球协会的视线。特别优秀的运动员将被邀请参加德国足球协会的训练班，在那里与其他优秀运动员同台竞技。被选中的运动员必须参加俱乐部间的比赛，以不断证明自己的实力，提高自己的技能。除 A 级青少年地区联赛外，B 级青少年的足球比赛也是关注的对象。对其他培养足球天才的机构来讲，青少年国家队的比赛和训练观起着示范和导向作用，其主要特征包括：在防守有序、严密的基础上，积极进攻；中场攻、防转换迅速、灵活，战术多变；采取多变的进攻战术，在准确与迅速之间进行有针对性的转换；积极进攻性防守；在遵守比赛规则的基础上积极进行 1 对 1 对抗。

（5）天才培训中心。遍布德国的职业俱乐部天才培训中心和德国足球协会天才促进计划训练基地为每名有天分的德国小选手提供了良好的发展机会。德国足球协会的天才促进计划优化了现有结构，职业俱乐部中的竞技中心通常是吸纳来自周边足球俱乐部的最具天分的青少年。足球运动很难预测运动员未来能否成长为优秀的足球运动员。天分很好的 D 级或 C 级运动员虽然已经具备了必要的基础，却并不意味着他们日后真的能够成为顶尖球员。球员的发展过程各不相同：一些在少年时期就体现出踢球天赋的神童虽然得到了最好的培训，水平却停滞不前；另外一些不起眼的运动员却有了竞技水平的飞跃，发展成耀眼的足球明星。例如，20 世纪 90 年代，只有约一半的国家队队员在 15、16 岁时就在全国足球运动员中崭露头角，另外一半球员在青少年时期虽然已是所在地区的佼佼者，然而成为顶尖球星却是后来的事。德国足球人才培养计划不是过早地局限超级天才的小圈子、从一开始就放弃大部分有天分的小选手，其目标是关注和培养每一名渴望成功的运动员。唯有如此，才有相对较大的把握确定选拔出最好的选手进入国家队。

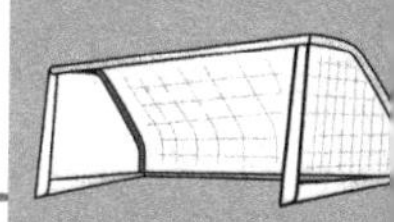

## 三、中国青少年足球战略性训练理念分析

### （一）培养目标

#### 1. 理念内涵

多年来，我国在青少年足球运动员培养过程中的训练理念是以球队整体为目标，以比赛成绩为目的，追求球队整体的比赛能力和比赛成绩，以比赛成绩来评价青少年训练水平、教练员执教水平的。为了取得好的比赛成绩，过早地把青少年集中到一起进行成年化训练，形成了“训练—发现—训练”的模式，而不是“发现—发现—训练”的模式。在这一训练理念的误导下，我国的青少年足球训练表现出过于追求青少年的体能因素；发展布局以世界大赛为目标、以国字号的小队伍为重点，忽视了绝大多数青少年球员的发展和培养；青少年训练也以成年球员的比赛模式进行。

#### 2. 原因分析

在对管理部门评价教练员执教能力的调查中发现，不论是哪个年龄阶段的青少年队教练员都一致认为管理部门最看重的是比赛成绩。而比赛成绩不理想会抹杀教练员的能力与努力，追求球队整体的比赛能力是多年来我国青少年足球训练培养过程中的一个误区。由于过度追求比赛成绩，从而形成全国范围的以比赛成绩来评价青少年训练水平、教练员执教水平的思维定式，导致出现我国的少年足球比赛成绩优于青年、青年球员的比赛成绩优于成年的现象。同时使得我国的青少年球员训练的选材面过窄，基础训练不扎实。

### 3. 理念的实践特征

组队以球员体能为主。青少年足球训练竞技能力结构中提高较快的指标就是体能。因此，我国的教练员就形成了这样一种思维定式：青少年的足球比赛结果主要取决于“球员体能的优劣—选拔体能好的球员—注重体能训练”。根据对参加A级教练员培训的青少年教练员的调查显示，由于过于注重比赛成绩而使教练员面临巨大压力——成绩不好有可能受到严惩，因此，他们在平时的训练中非常重视对青少年球员比赛能力起重要作用的体能训练，他们认为这是提高青少年球员比赛能力的最快的途径。例如，2005年3月4日至3月18日，中国足球协会青少部在广东清远训练基地举办了为期半个月的足球训练营，目的是在各俱乐部球员中挑选出120名出生年份在1990年及之后的中国少年队准备当年的国际比赛。足球协会青少部邀请了德国足球专家克里特先生进行选拔和训练。经过两天的训练观察，教练组列出了60人的大名单。在选才标准上，克里特先生和国内的教练员存在明显差别，克里特是以球员是否具有足球意识、场上观察能力、协调性及发展潜力为目标；而我国的教练则主要以球员的身材高大与否、对抗能力、奔跑能力等对比赛起主要作用的体能因素为目标。

中国青少年足球战略性训练理念特征如下：

（1）战略布局以大赛为主。在一般培养战略上，中国足球协会规定青少年每两岁设一个年龄段，如U13、U15、U17、U19、U21。调查发现，在我国足球队的各梯队中，每个年龄段中小一年的球员极少，选拔的时候往往选大一岁的球员，因为一岁的年龄差对青少年来说身体能力会有很大差异。为了准备比赛，双数年份出生的孩子被选上的概率很小。无形中就减少了一半的应选球员，如2005年对U15中国青少年队的选拔，在900多名1989

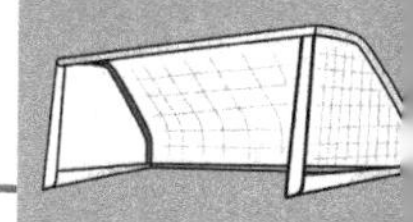

年、1990 年出生的孩子中进行挑选，当年全国各俱乐部 1990 年出生的孩子总共只有 90 余人。中国足球协会每四年组织一次中国青少年队的选拔和集训，目的是为参加国际比赛，其他三个年龄段球员人数极少，几乎被自然淘汰；对应年份的国际比赛越重要，球员布局越多，可选的球员也越多。而地方足球协会也是如此按全国运动会体制选拔，四年设一个年龄段，其他三个年龄段被自然淘汰，造成足球后备人才的巨大断层。

（2）球员训练以成人模式为主。各梯队教练为了取得好的比赛成绩，通常不会按照青少年训练规律和足球发展规律进行训练，而是以能最快提高比赛能力的训练内容进行训练。体能是青少年球员最容易提高的方面，也是在比赛中最能出现效果的方面。在 2005 年 10 月 20 日全国运动会女子足球半决赛北京对上海的比赛结束后，体育记者现场采访了我国的一名女足教练员，问及中国女子足球目前最大的问题是什么，这位教练说："体能差是我国青少年女子足球的一大问题，体能差就没有对抗能力，在比赛中就没有优势。"因此，体能训练成了中国青少年足球训练的代名词。这也是中国众多教练员的一种训练理念。由于青少年足球训练只顾眼前利益，按照比赛模式训练，忽视系统训练，训练内容不全面，导致青少年球员基本的足球技战术能力缺失。例如，在青少年足球比赛中，守门员发球总是将球发到前场，而不是从后场层层推进；球员大多选择边路进攻方式，而教练员也常常在场边提醒球员利用边路空当进攻，这种模式抑制了青少年球员中路个人突破、短传配合渗透攻破密集防守能力的发展和提高。因此有必要提高青少年球员对足球比赛基本进攻形式和原则的理解、学习、掌握和提高。

（3）球员年龄造假。在我国的青少年足球后备人才培养过程中，由于各种原因，一些青少年球员通过更改年龄参加各年龄组别的比赛，这也成为制约中国足球人才成长、中国足球长期、稳定、健康发展的一大弊端。

由于追求比赛成绩，导致青少年比赛中有一些参赛队虚报球员年龄、以大打小，违背了每一个运动员应有的平等机会寻求发展的公平性原则和公平竞赛原则，使得许多真实年龄符合比赛要求的球员不能参加相应的比赛和训练，失去了发展的机会；而许多大龄球员过早地进行成人化、体能化训练，导致其基本技术、战术意识、心理素质的培养被忽视，独立个性和应变能力几乎湮灭无踪，真正成年后就成了无技术特点、无个性、无灵气的球员。

中国不乏具有足球天赋的少年运动员，可多年来的实践证明，我国的青少年足球人才的培养还任重道远。为了短时的比赛成绩作为青少年球员培养的目标，使中国足球的人才培养走错了方向，失去了意义，其结果不但不能使足球人才辈出，反而劳民伤财，破坏后备人才资源，成为制约中国足球发展的严重障碍。

## （二）足球训练理论对训练理念的支撑

### 1. 足球训练理论评价

训练理念是训练理论的高度概括化、概念化和系统化的结晶，没有正确的训练理论的支撑，就不会有先进的训练理念的产生。足球运动的本质和规律揭示了足球运动各种竞技因素的特点及其相互之间内在的本质联系，深刻、系统、正确、全面地反映了足球运动的内在特征和外在形式，它支撑着足球训练理念，承载着足球训练的系统论与方法论。没有对足球运动本质和规律的全面、完整、深刻、正确的认识和把握，就没有全面、系统、完整、先进的足球训练理念，也就不可能实现对足球运动实践的科学把握，从而达到科学训练、有效训练、针对性训练的目的与效果。

我国关于竞技能力的认识论结果造成了分割、分解式的训练，使得练习的内容不实用，与比赛脱节，丢掉了足球竞技能力中最

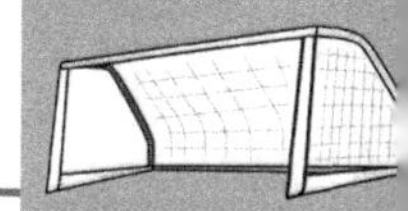



重要的成分——足球意识，导致青少年长期艰苦的训练成为一种无效的运动。另外，由于我国大多数足球工作者缺乏完整、全面的认知体系，缺乏对足球规律的正确认识，难以消化吸收先进的足球训练理念。

由于中国足球对现代足球本质的认识较落后，我国对足球运动所蕴含的各种因素及其复杂关系始终没有厘清，在理念上没有清楚、准确的认识与判断，有时候认为技术是足球运动的第一要素，就在训练中狠抓技术；有时候认为体能重要，就在训练中狠抓体能训练，体能不过关就不能参加全国联赛；或者认为作风不过硬，就拼命强调“三从一大”（从严、从难、从实践出发、大运动量训练）。在战术上，今天学匈牙利，明天学法国，后天学巴西，再后来学德国、意大利、荷兰、阿根廷，中国足球几乎把世界上足球先进国家的经验都学遍了，却也没形成定论和常规，直到今天，我们对足球的理解还处在迷茫期。

**2. 中国足球训练理论研究的特点**

中国足球界进行过很多理论研究，不少足球界的专家、学者从不同角度、不同层次对足球运动规律进行了一些有益的探讨，其中包含不少颇有启迪的见解，对进一步深入探索足球运动规律提供了明晰的思路与可借鉴的经验。然而，这些研究更多偏重于感性说明，而揭示足球运动规律的内在联系与相互关系及其特殊性方面仍显不足，还需要进行深入探索。归纳起来，主要存在以下几个方面不足。

（1）研究缺乏系统性。仅就足球运动某一局部的规律作探讨，未从整体角度对足球运动的规律体系作研究，如足球运动规律涵盖哪些方面，哪些属于竞技规律的范畴，足球运动竞技规律包括哪些内容等。

（2）研究深度不够。多数研究停留在感性认识层面，偏重于教学、训练原则的探讨，对足球运动竞技规律的理论研究十分有限，而且未对足球运动的竞技规律进行系统、深入的研究。

（3）缺乏多学科的综合深入研究，未注意用上位学科和相邻学科，如哲学、系统论、运筹学、决策学等学科来指导足球运动规律的研究。

我国的足球教练员受过全日制大学教育的比例很小，足球教练员通常依靠自己的训练实践知识进行教学，进行理论研究的教练员微乎其微。近年来，进行理论研究的科研人员绝大多数是高校的教师和学者，他们对训练实践往往缺乏即时的感性认识，在研究过程中也缺乏对足球队的长期跟踪经历，因此，研究结果必然存在偏差，不能完全解决教练员训练实践中遇到的难题。而作为训练执行者的教练员，由于缺乏必要的训练学理论和其他相关学科的知识，无法自我解答训练中的困惑，也无法将自己的实践经验转化成理论认识，这就造成了理论与训练实践的脱节。一方面，我国的足球理论不能有效地指导实践；另一方面，训练实践中的经验也不能很好地提升为训练理论和理念来指导训练。这是造成我国足球训练理念落后、竞技水平难以提高的一个重要原因。

### 3. 中国的足球训练理论支撑训练理念的实践特征

我国的足球训练教材一直把足球竞技能力的四大要素——技术、身体、战术和心理罗列成并列关系。关于每一要素的训练都是分开的，虽偶有提到四大要素的联系性，但没有主次之分，尤其是涉及青少年训练，缺乏主导性和渐进性。

任何事物都有主要矛盾和次要矛盾，主要矛盾起决定作用，同时，不同的发展阶段矛盾的主次也会发生变化。认识事物的本质和规律，就是要通过科学的方法对事物的现象进行分析，从而排除假象，撇开事物外部的非本质联系，找出主要矛盾和事物内部的本质联系，“把决定事物性质的隐蔽的基础揭示出来”，这样

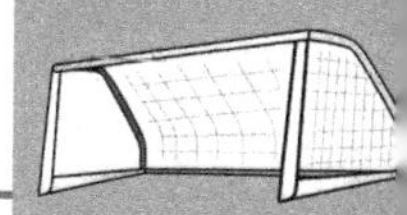

才可能理性地对运动着的事物作出科学描述，即形成科学理论。把事物内部的各项要素看成并列关系的认识既否认了事物内部不同因素有性质上的区分，又阻断了人们对事物本质认识的深化，使认识活动无法进行下去。因此，中国的足球理论将足球竞技要素归为并列关系的判断是一个哲学认识上的误区。

荷兰的足球理念认为，足球竞技能力中的技术是足球比赛的一种工具和完成动作的手段，而身体是足球意识的一种遵从。技术和体能要靠肌肉运动，肌肉不会思考，要靠大脑来支配，技术的掌握和运用以及身体的支配要靠大脑来指挥，要靠足球意识来调动。因此，足球意识是足球竞技要素中最重要的因素，是隐蔽的、基础的因素，是起决定作用的因素。基于这种认识，他们形成了一种理念：在训练中应以培养球员的足球意识为主，而足球意识只有在比赛环境中才能真正得到提高和发展。因此，就必须运用近似比赛的攻守对抗的训练方式，以培养球员的足球意识为前提，技术和体能协调发展，从而提高球员综合的、全面的竞技能力。

在中国的足球训练场上，过多的、大量的分解、分项训练形式是青少年训练的主体。据统计，中国的青少年足球分解、分项训练占 80%，综合的对抗形式的训练只占 20%（且不论对抗形式是否接近比赛要求）；而国际上足球先进国家接近比赛形式的对抗训练占 80%，其余占 20%。中国足球历来重视青少年基本功训练，认为技术是第一位的，“狠抓基本功”“勤学苦练基本功”是多年来青少年足球训练的指导思想。但足球的基本功是什么，应该怎样进行针对性的训练，中国足球理论并没有给出明确、清晰的阐述，只是在教科书中将足球技术中的运、传、接、射、头球、抢截等作为基本功，在实践中把各种单个技术挑出来进行长年累月的训练，很多球员把基本技术练得炉火纯青，但在比赛中却无从发挥。

目前，我国的青少年足球训练场上依然到处可见几十年前使用的训练方法。中国的足球在经历数十年世界大赛的失利之后，依然没有公认的训练理念，没有权威的训练规范，各行其是，各显其能。加上中国足球单调的、枯燥的、脱离实际比赛的分解训练方式，随着中国青少年球员的成长，加大了中国足球与现代国际足球的差距。

### 4. 原因分析

从训练理论的角度来看，中国青少年足球训练理念的落后，源于中国足球缺乏吸收先进足球训练理念的知识土壤。

改革开放以来，中国足球采取“走出去，请进来”的方式，使中国足球界的专业人士学习国际先进足球训练理念的机会和活动日益增多。现今，国外足球教练员已遍及中国整个足球界。中国足球协会每年邀请国际足球联合会讲师来中国举办高级教练员培训班，学习国际先进足球训练理念已是可以随时进行的事情了，可效果并不理想。主要原因是我国教练员的知识积累不够，对理论知识的理解和在实际的运用中有欠缺。

日本足球在短短十几年的时间里就取得令世界瞩目的进步。我国著名教练谷明昌在《现代足球理念》一书中谈到日本足球进步的原因：我的一位学生两年前带领一支年轻的职业队去日本访问，“在与日本高中队比赛时，感觉很不适应。日本高中队完全按照现代足球踢法（比赛），比赛意图明显，机动能力强，配合熟练，攻防节奏快”。其实在 20 世纪七八十年代，日本足球远不如中国，仅仅十几年的时间，日本足球水平就发生了翻天覆地的变化。可见日本足球学习、借鉴国外先进经验的能力很强，他们学得明白，学得全面，学得彻底，消化了所学内容，所以才学出水平，学出了亚洲足球一流的地位。

相比之下，我国教练员在学习他人的理念时，通常在一知半

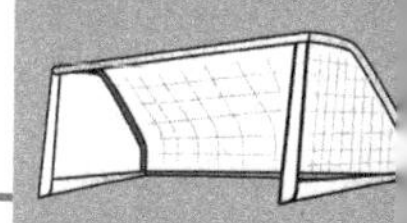

解时就不假思索地照搬，开始的时候球员还有兴趣，时间长了球员不再有新鲜感，训练热情下降，这些方法也随之被教练丢弃，训练又恢复到原来的轨道，然后有机会再去学新的方法。如此循环，这样的结果使得足球训练常常流于形式，缺乏目的性和针对性。

2005 年，笔者作为国际足球联合会讲师克里特先生的助手，参与组织了三期中国足球协会 / 亚洲足球联合会举办的 A 级教练员培训、一期 B 级教练员培训、一期 C 级教练员讲师培训、一期职业级教练员培训。每期培训都要与参与训练的教练员们朝夕相处近一个月，对中国足球教练员的知识储备、理论接收能力、表达能力、执教能力等综合能力有了较广泛的、全面的认识。作为助教，笔者每天都要和学员交流、沟通、解答问题，学员们学习非常认真努力，但大部分学员却对讲师讲授的足球理论知识、足球理念不感兴趣，有的学员说："我这些年也接触了几个外教，也跟过外教的训练，学到了一些有用的方法，可这些理论我哪能听懂，我这次学习除了要拿到证书，主要是想从讲师这里学一些具体的训练方法，回去后可以马上能用到训练中去。"由于许多学员的基础较差，学习吃力，克里特先生为此很吃惊，质疑这样的基础如何有能力进行 A 级教练员培训和 C 级教练员讲师培训。由此可以想象以这样的学习基础在进行后续训练中很难有所收获。

足球训练理论与足球训练方法是足球训练理念的一个整体，理论是基础，没有基础的支撑，孤立的方法便没有任何意义。因为方法源于对理论的理解和揭示，任何方法都有理论的依据，都是依据特定的战术目的设计和选用的，没有理论的指导，就无法理解训练方法的意义、属性、功能和战术目的，训练方法就没有灵性，也就不可能正确地使用这些方法，而照搬训练方法就成了盲目训练。

因教练员对主管部门规定训练时间效果的认定，中国足球的决策者们更是抗拒接受现代国际足球先进训练理念。世界足球先进国家训练课的特点是时间短、效率高、密度大、实战性强，我们的决策者们在借鉴这种经验时认为不符合中国国情，中国足球应学习女排精神，坚持“三从一大”原则，于是在足球训练中随处可见经过一天八个小时训练后的青少年充满疲惫、厌倦的神情，之前还有为了达到体能测试的要求而不懈地在田径场进行 12 分钟跑的情况。面对世界先进的足球训练理念，冷静思考我国的足球训练，在大量的训练里有多少是符合现代足球比赛要求的内容呢？每年举办的冬训，在长时间里进行统一的训练：规定训练日期、规定每天训练次数、规定每次训练时间（冬训办公室还设置了专人负责监督、监察），还要进行统一测试，这样简单的、单纯的、整齐划一的训练形式虽然便于集中管理和监督，但有些已经偏离了科学的足球训练。

### （三）发展规划与实施

#### 1. 发展规划的理念内涵

（1）把开展青少年足球运动，培养大量优秀后备人才作为足球训练的战略重点。我国足球运动水平要提高，必须在青少年的技术、意识、作风和良好的身体素质、文化素质等重要环节方面加大力度，广泛地开展青少年足球运动，形成良好的竞争机制，以此推动足球运动高水平后备人才的大量涌现。这样，我国足球的发展才会有可靠的人才保证。群众足球需进一步普及，使热爱足球运动的人员有较大增长。为了确保奥运会、世界杯的足球人才的储备量，中国足球协会除了重点抓好优秀少年足球运动员的培养，还选派少年足球队赴巴西、欧洲进行长期培训外，并组织十支奥运会布局单位的少年队（2010—2011 年、2012—2013 年出生的青少年球员队伍）进行强化训练，每年集训两次，约五个月

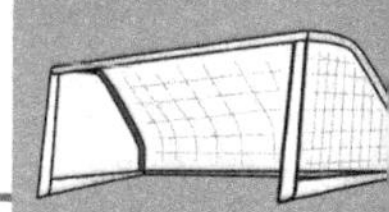

左右，五年不变。

（2）大幅增加青少年足球参与规模。加强校园足球建设，把足球列入体育课教学内容，发展足球社团，培养足球兴趣，开展足球竞赛活动，不断培育足球爱好者和足球人才。增强学生、家长对足球的认同感，支持学生在课余时间或校外参加足球活动。以市场化、社会化为导向，构建多渠道、多形式人才发现和培养机制，不断增加足球人才后备力量。显著扩大教练员、裁判员队伍。提高体育教师的足球教学水平，发展足球专业教师队伍，培养学校足球教练员、裁判员。加强职业教练员、裁判员队伍建设，不断完善教练员、裁判员培训体系。构建社区足球指导服务体系，提高社会体育指导员的技能水平，有条件的地区可探索、设立社区足球指导员专门岗位，鼓励专业教练员、裁判员服务城乡社区和校园。

（3）建立职业运动员良性发展机制，逐步增加注册球员，优化发现和选拔机制，让技术过硬、素养较高的优秀足球运动员脱颖而出。坚持运动技能和文化教育相结合，加大多技能培养培训力度，拓宽退役运动员发展空间，打通向教练员、裁判员、社会体育指导员、企事业单位和足球协会管理人员的转岗就业渠道。培养复合型产业人才，面向市场需求，通过高等院校、科研院所、中职教育、职业培训和继续教育等多种形式，培养足球行业人才。重点发展经营管理、资本运作、营销推广、研发设计、中介服务、文化创意等专业人才队伍。加强足球产业人才的国际合作与交流。

从近 30 年中国足球协会制定的足球发展计划纲要中可以看到，我国的足球专业人士已经意识到，中国足球的希望在于青少年的培养；加快足球后备人才培养，保证培养质量已成为足球界的共识。

### 2. 阻碍理念实践的原因

（1）仅注重“国字号”队伍。培养年轻球员是一个长期的过程，社会效益和经济效益具有明显的滞后性，需要全社会的协调配合与努力，需要国家和俱乐部长期大量投资。而从中国足球协会的侧重来看，他们的主要精力几乎全放在了“国字号”队伍的训练与比赛上；各俱乐部也将各自有限的资金投入到一线队伍，以取得眼前的回报。2003 年 2 月中国足球协会成立青少部，在此之前，中国足球协会没有独立的青少年工作管理机构，青少年的工作一直挂靠在技术部。而技术部是只有四人，其中负责青少年足球训练工作的只有两人。韩国和日本在 20 世纪 80 年代初的足球水平与我国几乎不相上下，可近几十年，日、韩足球人才层出不穷，在国际赛事上都有不菲的成绩，这一事实充分说明他们比较重视青少年足球运动员的培养并且管理到位。

（2）比赛体系不健全。青少年球队比赛体系不健全，球员比赛过少，除了场次不多的联赛，主要是每年冬训举办的赛会制比赛。

（3）重局部，轻普及。中国足球协会的工作重点主要集中在几个有天赋的球员，他们均是主要城市和省份中重点发展的球员，没有充分利用青少年足球的广泛群众基础。在青少年足球发展计划实施上的时间也非常有限，业余俱乐部更没有规范的规章制度。业余俱乐部也没有基础设备，而且最多有一支球队（成人或青年球队）；俱乐部教练就其数量及能力只能满足现有俱乐部水平的需要。学校足球教育中，多数体育教师并不具备教授足球课的资格。新实施的亚洲足球展望计划惠及学校有限，只有部分城市学校的学生受益。竞赛水平较低（城市）的青年比赛大多是作为短暂的会演形式来比赛；学校比赛周期短，只有综合实力强的学校才有机会参与更多的比赛。

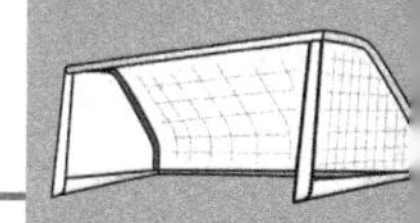



（4）俱乐部各年龄段设置不全。我国足球俱乐部的青少年队伍年龄组设置仅局限于U15以上的年龄组球员，而U15以下年龄组的球员很少，这说明我国足球职业化基础还相当薄弱，后备人才的培养还缺少一个较大的普及层面。

## （四）青少年足球训练理念内涵及其评价

青少年足球训练理念是从事青少年足球后备人才培养的体育工作者，在理性思考和具体实践基础上形成的关于青少年足球后备人才的培养规律、意义与实现途径所持的坚定不移的根本性判断与看法。青少年足球训练理念，从本质上包括两个方面的含义，一是对青少年的长远发展，个性与人格的完善，作为社会健康人的认识；二是对青少年按照现代足球发展的要求实施基础训练，为其将来的职业化生涯作准备的认识。

因此，在现代青少年足球培养的理念中，评价青少年教练员的能力的主要标准不是他们的球队在比赛中的成绩如何，而在于他挑选和培养人才的能力，在于他的队员在经过训练后，能否进入职业队；评价一名青少年球员的能力如何不在于其现在的比赛能力如何，而在于其是否有发展潜力可供挖掘；青少年训练理念是发现人才，培养人才，而不是看重比赛成绩，比赛只是为了发现人才，然后再去培养这些人才。

科学选才是提高足球竞技训练成才率的基础，也是发现和挖掘青少年足球人才竞技能力和潜力的保障。竞技足球在客观上存在着对从事这一项目的运动员的特殊要求，根据这些特殊要求，将那些具有良好先天条件和潜质的运动员选出来进行科学训练，则会起到事半功倍的效果。而选才理念的先进性决定了选才的科学性和准确性，直接影响着足球后备人才竞技能力和潜力的挖掘与培养。

青少年球员训练计划的目标就是为年轻的球员提供尽可能综合的、旨在提高足球职业竞技能力的准备工作。优秀球员的寻找和选拔是一个需要不同机构支持的系统，如学校、俱乐部、社区、地区或国家足球协会共同努力的任务。球员必须身处一个具有条件和能力发展天才球员的环境。确定优秀球员最初的标准必须是在一般运动能力范围内，而在训练过程中，选拔优秀球员的标准将提升到与竞技能力的指标和足球专项的指标相关联的方面。寻找和选拔天才球员是一项持续的任务，不应局限于特定的年龄水平。与国外相比，我国的青少年足球战略性训练理念有着很多与青少年足球训练发展相悖的成分，从而造成了中国青少年足球发展的源头性缺陷。

# 第九章 完善足球训练理念的建议

## 一、培养兴趣，树立以球员为中心的训练理念

### （一）满足球员追求乐趣的需要

许多教练员试图激励他们的球队，增强球队的信心并带领球员取得胜利，却忽视了球队中最重要的部分——球员个体。了解球员的真实诉求是训练成功的前提，“我该如何激励我的球员呢？”“我如何才能最大程度地激发他们的潜能呢？”“他们今天的训练热情为何不高呢？”这些问题是许多足球教练员常常提出而又很难解决的问题。当教练员对队员有更多的了解和更深的认识之后，会发现这些问题其实很容易回答。教练员的工作应该把培养人放在第一位，培养球员放在第二位。只有当教练员更多地了解自己的球员，才能帮助他们更好地发展。

青少年球员接受足球训练会出于各种不同的原因，但主要的原因是踢球时所获得的满足和享受，即享受足球。有时这种感觉在训练和比赛中都会出现，有时训练中所获得的满足甚至超过了比赛的乐趣。少年儿童球员从一开始就应学会将足球运动视为一种快乐游戏，才能认识到足球运动的魅力，也会为他们钟爱足球运动打下基础。所以青少年足球的训练重点应是小场地比赛中的各种可能在比赛中出现的情景，过去的“街头足球”需要在今天

的俱乐部训练中赋予新的意义。

### （二）按照青少年儿童的自主意志安排训练

在对青少年儿童进行足球训练时，应按照如下原则进行：自己的足球，自己的规则—没有受教练太多的影响—不需要家长提醒该做什么—与自己希望的步调一致——与自身能力匹配的水平—小组为单位。

这个原则为青少年球员创造乐趣并产生热爱足球运动埋下了种子。如此，踢足球才会成为孩子们的快乐体验。

### （三）青少年球员的训练要摆脱成人的足球训练模式

青少年在足球训练时，教练员要有意识地放慢速度，脱离他人的足球训练模式，尽管他们要表现出热情并时刻准备提供帮助。他们的主要职责是鼓励并组织球员进行非正式的、没有太多约束的足球赛。为保证训练的趣味性，在训练中应注意以下几点：

（1）使运动员的能力适合练习的难度。如果训练过程总是失败，球员就不会对这项运动产生兴趣，因此，应该有意识地促成运动员成功的体验。

（2）使训练方法和手段多样化。如果教练员让运动员笑着累倒在操场上，这样训练就能达到目的，也能够调动所有人的积极性。如果有些运动员在别人积极参与时感到无事可做，他们就会感到厌烦。在练习中可根据运动员的特点分派任务，这样可使他们有机会在完成任务的过程中享受乐趣。

（3）在训练中允许运动员有更多的主动权并培养责任心。研究表明，给人以控制自己生活的权利可以加强动机，提高成就，促进责任感和自我价值感的发展，这点对于培养和激发运动员的训练热情尤为重要。

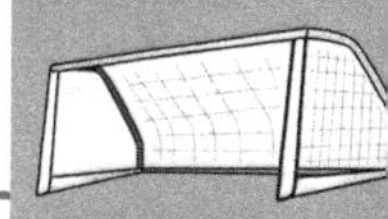

## 二、树立球员第一，球队第二的训练理念

如果说乐趣和享受是青少年参与足球运动的主要原因，那么教练越激励他们积极地体验足球运动的兴趣，球员们的表现就越出色。球员们产生担心和焦虑的一个主要原因是他们过于在意取胜的重要性，在竞赛中如此，在训练中也是如此。青少年运动生涯的成长过程中最需要的就是自信心。德国前国家队主教练克林斯曼表示："自信心是足球的基础。"我们时常把不好的比赛结果归结为缺少自信心，不愿冒险，没有创新精神。反之，我们也喜欢把胜利归结为"坚定的自信"。因此，自信是足球比赛取得成功的前提。但是失败在所难免，自信心也时常会发生动摇。这个时候自我意识很重要，自我意识的基础是相信自己。一个对自我有正确认识的人只要内心平静，即使身处困境也能设法找到合适的解决方法。如果青少年在比赛失利后认为是自己能力不足导致的，那么他们就会产生消极心理，如果这种情况持续存在，则无法继续后续的训练任务。从本质上来说这将严重削弱他们的信心，同时会抑制球员的创造性，使他们无法在比赛中抓住机会，在竞争的过程中也无法获得满足感。

教练员应该鼓励队员自我提高，而不是强调取胜的重要性。如果青少年球员害怕犯错误，那么他们的学习和发展速度就会减慢。如果鼓励球员把注意力集中在个人水平的提高上而不是想单纯地赢得比赛，那他们踢球就更有乐趣，提高的速度也会更快。这样做并不意味着打消队员们赢取比赛的念头，只是为了球员的长远发展改变重心而已。如果获胜仅仅是打败对手，那么球员在面对挫折和失望时，就会失去对足球运动的热爱。因此，要形成一种理念：青少年球员个人能力的提高比球队获胜更重要。

## 三、树立为青少年长远发展精心规划的理念

对于青少年儿童，训练的基本理念就是按照他们的兴趣和需要组织训练。所以对任何一个执教青少年足球训练的教练来说，首要任务便是利用人数较少的小场地比赛形式，提供简单的、有吸引力的场景来激发青少年球员对足球的喜爱，在整个青少年训练期应始终贯彻一项指导原则——游戏足球；另外，足球训练也不应只是让孩子们把它当成游戏。参加俱乐部训练的青少年都想学会正确的踢球方法，对任何有天赋的青少年实施训练的目标都是为了培养水平尽可能高的成人球员。只有当前面谈到的前提都具备了，高水平战技术的表现也只有在一开始就进行系统训练的情况下才能实现。

### （一）足球作为集体项目的要求

足球这一集体项目中的各个因素必须要在青少年训练计划中均得到保证。所有其他的复杂要求也可以从这项运动的最基本的目标——得分与阻止进球中体现。只有真正掌握了比赛中需要的各种运用自如的技术技巧的球员才能达到这个目标；同时，足球运动对运动员的体能要求极高且全面，例如，技术再好的球员也需要在 1 对 1 的情况下拼速度以获得球（速度）并且能够在比赛决胜期精确传球（耐力）；与过去相比，今天的足球比赛更加重视球员间的配合，这意味着青少年球员全面的运动能力和球技不仅涉及专门的足球技巧，而且还包括其他许多方面。

观察一名青少年球员是否有能力学习复杂的足球技术并达到一个较高的程度，其基本配合能力很重要，只有具备了牢固的基础才能逐渐学到更多的踢球技巧；青少年球员的个人基本条件再

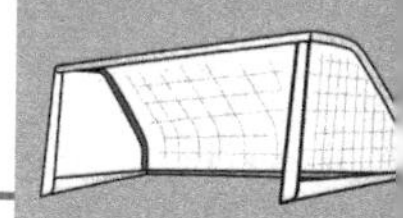

好，个人能力再强，如果不能运用到集体协作中去，最后也很难有好的成绩。因此，年轻队员必须学会如何融入一个团队（不仅在球场上），他们必须与队友协作、互助并分担比赛中的各项任务；足球是一项始终与另一个队伍对抗的运动，队员个人在比赛中的行为——行动与反应都必须根据对方的行动进行调整以适应场上形势。这种持续的队内合作、团队间对抗便产生了对球员个人、小组成员或整个队伍的复杂战术要求；足球还需要按照既定规则进行，年轻球员必须明白这些规则的意义和目的，并学会在比赛中遵守。

### （二）发展与变化的足球运动要求

足球运动的要求在不断发展，这就意味着对球员的要求不仅在提高而且也在变化，要通过鼓励和提高有发展潜力的球员来训练未来的顶级球员必须考虑不断变化、不断进步的各种趋向。

## 四、树立依据青少年的年龄特点安排训练内容的理念

从一个对足球运动富有训练激情的初学者发展为顶级球员这条路很漫长，具体的系统练习过程如下。

### （一）确立个人训练目标

青少年球员的训练目标是指导他们学会现代足球需要的、富有吸引力的、成功的足球比赛，这对运动员的技术、战术、体能、心态等都提出了复杂的要求。对于青少年足球训练来说，应把与成人足球相关的能力要求分割成一个一个彼此相互连接、经过训练与控制能在长期的训练过程中不断接近更高目标的若干个短期

目标。在实践过程中，这意味着要把训练过程划分成明确的阶段。例如，只有基本技战术方面的能力得到了发展，才能指导他们如何进行边路进攻，包括运球技巧、脚背踢球、头球等。忽略了这些短期目标中的任何一个，都会为之后的训练留下很难填平的缺陷，适宜的发展需要时间、持之以恒和耐心。

### （二）短期目标与青少年球员的发展阶段相适应

从少年儿童成长为成人，其身心发展的过程可以分成独立的几个阶段，各阶段的年龄组别和发展特点不同阶段的过渡都是不同的，了解这些特征有助于教练员指导及监控不同发展阶段的青少年训练。同时，教练员切不能忽视每个球员的特殊个人品质。要想确保球员们从初学者到优秀球员生涯的表现越来越好，就要在每个阶段发展提高的基础上一步一步地进行系统训练。足球训练的各个阶段要与各发展阶段的具体情况相适应，不同的年龄组、不同个人的发展水平决定着训练的目标、内容、方法和要求。这些训练阶段必须包括为青少年球员在目前水平的基础上获得更好的身体、心理素质所设立的长远竞技目标的主要方面。

## 五、树立及时反馈的训练理念

“反馈”一词出自控制论。控制论创始人维纳认为：“反馈是输出信息的一部分，而这一部分输出的信息，又返回到输入信息中去，通过伺服机构的调整，使再次输出的信息更为精确。”通俗来讲，反馈就是效应在反应过程中产生信息又传回控制部分，并影响控制部位的功能。

反馈有三种基本机能，即提供信息、强化和激发动机。美国心理学家阿塔姆斯认为，反馈的主要作用是提供信息而不是强化，

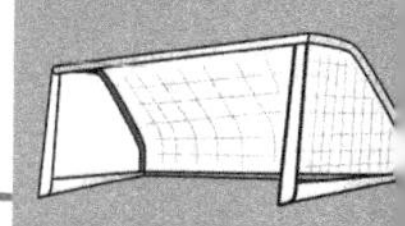

其对利用反馈信息提高动作质量的看法是：最初是固有的或非固有的反馈，经过伺服机构调整以后，产生了一个新的信息，再通过新的信息去纠正错误动作，从而提高动作质量，使学习者作出正确的应答。

美国心理学家茹莎和塞德恩塔浦认为：反馈在学习运动技能时还有强化作用。这种强化作用可以是阳性的，也可以是阴性的。阳性强化是通过一些鼓励性的语言或措施，最后达到增强或提高效果的作用。反之，阴性强化是通过一些批评性的语言或措施达到减弱或压抑的作用。提供信息和强化作用一样，反馈还起着激发动机的作用，在训练和比赛中通过反馈可以激发运动员的情绪，或增强运动员的必胜信心。

教练员的重要任务之一，就是根据球员的不同情况，科学地运用反馈原则来提高训练效果。例如，用非固有的反馈改善学生的技术，用语言的反馈给学生以必要的暗示，用同步的反馈在练习时给予不断的强化，使学生善于体会本体感受的反馈信息和善于利用综合的反馈信息等，教练员应学会在反馈原理的指导下，去创造行之有效的教法，与此同时要教会学生进行有效的反馈。

训练中运用及时反馈理念的要求：教练员应要求球员在进行某一步练习之前先思考一下，完成该练习的主要环节是什么（反馈）。启发球员的积极思维，让球员自己讲述如何去完成这个动作（强化），从而加深对动作或战术的理解。教练员应教会球员养成在不同对抗形式下完成技术动作的过程、注意事项，应变及体验成功的喜悦等习惯，从而产生反馈信息、强化和激发完成动作的动机，增强完成动作的自信。在学习和运用技能的粗略阶段，教练员应充分利用视觉的反馈作用，加强示范与想象练习，不断强化视觉与本体感觉之间的沟通，但应注意不要过多地抓动作细节。在学习和运用技能的提高阶段，应多运用语言反馈信息，扩大球员的注意力去适应环境，强化动作与思维的沟通，发展球员自如运用个人能力。训练中对青少年应当多给予阳性的反馈信息（即肯定其对的或正确的一面）；对高水平运动员可直接指出其错误，直接提示他们应关注的问题所在。利用音像方法，多次重复正确、精准的画面，让球员将其与自己的表现进行对比分析、想象，这样可以提升球员创造性运用技术的能力。在训练中发现问题后立即叫停，保持当时情景去指出问题所在，告诉球员如何选择技战术形式的运用，并做示范后再让球员重复一遍，以加深印象。

## 六、树立正确归因的训练理念

### （一）归因的意义

归因是指人们对他人或自己的行为进行分析、判断和指出其性质或推论其原因的过程，这一过程是人们自然而然、随时随地进行的一种心理活动。例如，一个运动员如不能准时参加训练，他自己要反思，他人也要询问其原因。赛后运动员、教练员进行总结时，重点也都放在对成败原因的分析上。

训练过程中的归因是指人们如何解释训练水平提高的快慢以及比赛的成功与失败。归因对教练员、运动员进行竞技活动的情绪、动机和期望有直接影响。训练及比赛结束后的归因，是后续训练活动的起点，因而具有重要意义。

人们把成功或失败归于何种因素，对情绪体验和今后工作的积极性有重要影响，能力、努力、运气和任务难度是个体分析工作成败的主要因素。一般来说，追求成功的人把成功归因于自己能力强，而把失败归因于自己不努力，认为只要自己努力，总会成功；相反，避免失败的人往往把成功归于运气好、任务容易等外部因素，而把失败归于自己能力不足。追求成功的人把成功与

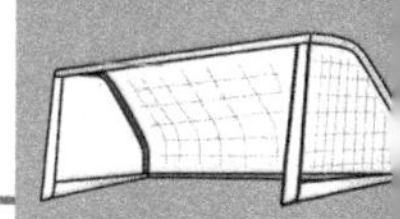

否归结为自己是否努力，这种人往往在下一次选择行动时，仍然相信通过努力总会成功。由于避免失败的人把成功与否归结为自己无法控制的外部因素，因此认为再次成功把握不大，这种人往往处于退避姿态。因此，归因理论重视自我努力感，强调努力会带来一种兴奋自傲感，而不努力则会产生内疚感。大量实验证明，个体对成功的归因变化是有规律的。

一般来说，少儿看重努力的作用，但当其进入少年期，努力的价值逐渐贬值，他们会越来越感到努力反倒显得自己能力不足，这种感觉与年龄俱增。到了青年期，就把能力看作是最能体现个人价值的关键。

教练员如何评价运动员的训练和比赛，将极大地影响运动员对自己的技能水平和比赛表现的评价，甚至影响到运动员是否继续从事体育运动。运动员对自己能力的评价通常比教练员对他们的评价更高。同时，每个运动员的自尊心与他对今后成绩的期望有直接联系。同自尊心较低的运动员相比，自尊心较高的运动员对自己的能力有更强的自信心，对今后的成绩有更高的期望值。因此，教练员的一个重要任务就是维持或提高每个队员的自尊心。对于教练员来说，任何打击运动员自尊心的评论都是不明智的，这种评论对外控型的运动员所造成的伤害尤为严重。

### （二）运用归因理论的原则

#### 1. 应注意进行积极的反馈

教练员应尽量多地给运动员提供积极的反馈而不是消极的反馈，以行为定向的反馈（如“这个球打的角度真好”）而不是特征定向的反馈及稳定的反馈（避免在对待运动员的态度上时好时坏）；要使运动员认识到自己虽然有缺点，但仍被集体和教练员所接受、喜欢；要使运动员的态度从“这不是我的过错”向“这是我的责任”的方向转化；要尽量使用非语言的沟通方式，如竖起大拇指、微笑、拍拍肩膀等动作，来向运动员表示赏识、满意、认可、关心、接受等积极性情感；失败时避免用讽刺（如“嘿，这球可是绝了，没人能像你踢得这么好”），侮辱性（如“练了好几年了，怎么还犯这么低级错误，你是白痴吗！”），负罪感（如“我真为你今天的表现感到惭愧！”）的语言。

当然，这并不意味着对运动员只能一味地鼓励，适当地批评也是必要的。研究发现，主要给予积极反馈的同时，偶尔给予批评的教育效果比只给积极反馈的效果更好。

### 2. 增加成功的体验

现实生活中，一个人对自己和他人的看法不会轻易改变，这种看法从儿时就已形成，在后期整个生活中又不断得到强化。为了改变一个人对自己改变事物和环境能力的消极看法，有必要尽量创造机会，让他们在训练和比赛中经常体验到通过自己的努力和能力而获得的成功。有了一定的成功感，才可能建立一种积极的心理定式，拥有相信能把握自己命运的信念。为此，可以将运动员按照年龄、技能水平、体能水平分组，进行训练或比赛，以使不同的运动员有更多的机会体验成功。

### 3. 建立成功与失败的恰当标准

对于成功，不同的人有不同的标准，高水平和低水平运动员有区别，强队和弱队有区别，同一个队（或人）在不同阶段也有区别。因此，成功是一个相对标准，但这一标准应是具体的、明确的，富有挑战性的，能够给队员不断提供成功体验的。除了输赢以外的一些可供选择的成功标准，应让运动员根据这一原则和自己的具体情况制定自己成功的标准。

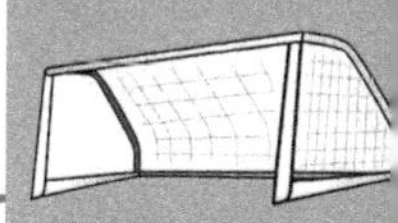



### 4. 强调个人努力

一般来说，教练员应尽量少运用外部归因（任务难度和运气）来解释比赛成绩不佳和没有达到预期目标的事实，因为可能会给运动员造成无助感，使运动员觉得无论怎么努力都无法改变目前的状况和今后的结果，在训练和比赛中强调个人努力，对于培养运动员的内控倾向和动机倾向具有重要意义。

研究结果发现，和进行能力归因的被试相比，进行努力归因的被试，其成绩比较好，当他们认为任务的难度有了提高时，他们的努力程度和成绩也会随之提高。因此，应当教育运动员，个人努力（而不是个人能力）是技能提高和成绩提高的最重要决定因素，将会产生更好的动机效果并产生更好的成绩。对于那些水平较低，成绩较差的运动员来说，努力定向的归因就更显得重要。研究发现，和其他归因相比，将失败归因于缺乏能力最可能导致运动员退出竞技运动，这在 10~12 岁的儿童中尤为常见。

## 七、树立强化对抗的训练理念

对抗是足球运动的本质特征，也是足球比赛贯穿始终的最基本表现形式，那些在非对抗局面下掌握了精湛技术的队员，当进行有队友与对手的对抗练习时未必出色，中国足球队员之所以每逢比赛便表现出技术不过硬，战术不合理甚至不会比赛，非常清楚地说明了“非对抗情况下练习技术”和“在非对抗情况下练习的技术能转移到实际比赛中去”的不符合足球实战需要训练理念的弊端，从另一个侧面阐明了符合足球实战需要的训练，应该设计球员从开始接触足球就让他们在近似比赛的竞争条件下，在对抗环境中学习、掌握技术，而不应是脱离比赛特点，违背足球运动本质规律去另搞一套抽象的、机械的、公式化的练习，对抗性是保证球员的训练符合实战需要的最基本、最有效的途径。运用对抗原则应注意以下几方面。

（1）要让教练员、运动员明确理解对抗训练的意义和方式，并将此贯穿、安排于运动员多年系统训练的始终，在青少年运动员的训练初期，要让他们适应对抗性练习的形式，充分享受这种游戏性活动带来的乐趣，以此为契机，调动他们训练的积极性、主动性，并鼓励他们自由发挥，最大程度地发挥他们的想象力和创造力。

（2）教练员的指导要有耐心，循序渐进，而不应急于让运动员掌握规范的技术动作，避免让这一活动成为工作式的、为训练而训练的枯燥、痛苦的体验。

（3）紧密联系比赛实际是对抗训练的核心，对抗训练必须最大程度地包括比赛过程中出现的所有因素，让运动员从紧密联系比赛实际的练习方法中掌握比赛和比赛技能的基本知识。

（4）对抗训练中练习的技巧，要经受比赛的检验。在比赛中发现的问题，应回到训练中去改进和提高，经过提高和改进的技巧再回到比赛中，在实战中成功运用，依此一直循环往复。对抗训练要求教练员、运动员具有良好的分析、判断、预测、善于提出问题、发现问题的思辨意识和习惯，并能在对抗训练中提高、发展和完善。如果没有集中精力查找比赛中的问题，就不会存在根据问题进行针对性训练的可能，就失去了以比赛反馈到训练实践中去的重要环节，球员的洞察能力和应变能力也得不到提高，这既是球员运动智能的根本问题，也是当前我国青少年足球训练中被广泛忽视的问题。

# 参考文献


[1] 简比学，王厦羿，封凯，等. 校园足球整体战术训练体系的实证研究 [J]. 湖北体育科技，2022，41（12）：1091-1097.

[2] 连殿冬. 高校校园足球训练中足球意识培养探析 [J]. 武术研究，2022，7（5）：125-126，130.

[3] 王禧鑫，刘博涵. 青少年足球运动员足球意识的提高研究 [J]. 当代体育科技，2022，12（9）：38-40.

[4] 徐慢慢，冉孟刚. 青少年足球选项课中足球意识的培养 [J]. 青少年体育，2020（12）：53-54.

[5] 孔凡明，米靖，马杰.VR 技术在青少年男子足球运动员战术训练中的应用研究 [J]. 成都体育学院学报，2020，46（3）：33-37，45.

[6] 刘文浩. 论青少年足球意识的培养 [J]. 当代体育科技，2020，10（8）：222-223.

[7] 周飞. 高校足球教学中的学生足球意识培养探讨 [J]. 当代体育科技，2020，10（8）：44-45.

[8] 杨玉明. 高校足球教学中对于学生足球意识的培养 [J]. 当代体育科技，2020，10（7）：37，39.

[9] 郝纲. 体能视角下足球运动员不同战术训练方法研究 [J]. 青少年体育，2020（2）：47-49.

[10] 张国斌. 高校足球教学中学生的足球意识培养思路 [J]. 才智，2020（3）：50.

[11] 任通. 青少年足球意识的培养研究 [J]. 冶金管理，2019（21）：164-165.

[12] 杨学伟. 微格教学法在高校足球实际教学中的作用 [J]. 体育世

界（学术版），2012（10）：89-90.

[13] 戈重阳. 高校足球教学中足球意识的培养分析 [J]. 当代体育科技，2019，9（23）：176，178.

[14] 王津. 高校足球教育中学生足球意识的培养措施 [J]. 体育世界（学术版），2019（6）：112，114.

[15] 叶飞. 体能视角下足球运动员不同战术训练方法研究 [J]. 当代体育科技，2019，9（16）：21-22.

[16] 陈兵兵. 论“反馈”在足球战术训练中的应用 [J]. 当代体育科技，2019，9（14）：54，56.

[17] 徐兵. 在足球训练中培养小学生足球意识 [J]. 田径，2019（5）：58-59.

[18] 程建军. 足球教学中学生足球意识的培养 [J]. 农家参谋，2019（4）：197.

[19] 阿不都克热木·热木克，李谦. 浅析高校足球教学中足球意识的培养 [J]. 当代体育科技，2019，9（3）：93-94.

[20] 杨生光. 足球教学中防守战术训练及训练要点的调查分析 [J]. 运动，2018（23）：49-50.

[21] 郜露露. 高校学生足球战术意识浅析 [J]. 体育科技文献通报，2018，26（11）：132-135.

[22] 王堃，张万欣，孙旭静，等. 高校足球教学中足球意识的培养 [J]. 当代体育科技，2018，8（28）：76，78.

[23] 耿潇. 足球战术训练中采用变式训练的研究 [J]. 广州体育学院学报，2018，38（5）：77-80.

[24] 刘昭. 足球意识研究现状综述 [J]. 西部皮革，2018，40（18）：68.

[25] 缪锋. 加强基本技术，提升高中生足球意识 [J]. 田径，2018（7）：46-47.

[26] 李平. 浅论小学低段足球意识在定量训练中的培养 [J]. 青少年

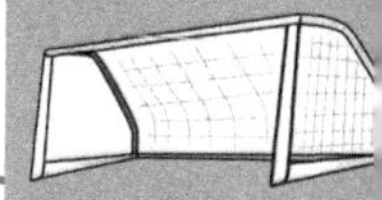



体育，2018（6）：46-47.

[27] 雍强. 我国足球运动员足球意识存在的问题及应对策略研究 [J]. 体育世界（学术版），2018（4）：98-99.

[28] 欧阳鹏. 提升高校图书馆的社会服务功能——以嘉应学院图书馆青少年足球战术训练设计案例资源库的理论框架构建为例 [J]. 科技视界，2018（7）：50，82-85.

[29] 宋志刚，孔凡明，张峻.VR 虚拟现实技术对中国少年足球战术训练的应用研究 [J]. 青少年体育，2018（1）：65-66，115.

[30] 武承辉. 探究足球防守战术训练及训练要点 [J]. 佳木斯职业学院学报，2016（7）：285.